Varokaa lapsia!

© 2024 Jarno Hannula
Kustantaja: BoD · Books on Demand,
Mannerheimintie 12 B, 00100 Helsinki, bod@bod.fi
Kirjapaino: Libri Plureos GmbH, Friedensallee 273,
22763 Hampuri, Saksa
ISBN: 978-952-80-8554-6

Jarno Hannula

Varokaa lapsia!

Kuinka peruskoulu pelastetaan?

"Inhorealismia ja fantasiapuhetta yhdistää usein se, että ne vievät kuulijaltaan ensin vastuun, sitten toimintakyvyn ja lopuksi toivon. Molemmissa on yhteistä myös lopputulos: mikään ei muutu."

Sisällys

Peruskoulun toimintaedellytykset 135

Miten tukea peruskouluja? 160

Todellisuuden illuusio 187

Mitä haluaisin vielä sinulle sanoa? 195

Lähteet 202

Esipuhe

Uuden aikakauden kynnyksellä

Suomessa puhutaan tällä hetkellä paljon lasten ja nuorten epäsosiaalisesta, uhmakkaasta ja aggressiivisesta käytöksestä. Isolla rivimäärällä uutisoidaan edellisten lisäksi myös keskittymisen ja tarkkaavuuden ongelmista sekä räjähdysmäisesti kasvaneista mieliala- ja ahdistuneisuushäiriöistä. Tuttuja asioita kaikki, mutta esiintyvyys aiheuttaa suoranaista epäuskoa. Emme puhu pienestä kasvusta tai mielipiteistä, vaan tosiasioista, jotka tuovat meidät ihmiskuntana uuden aikakauden kynnykselle. Tämä ei ole välttämättä kuitenkaan huono asia, vaan enemmänkin looginen ja väistämätön kehityskulku. Mistä on siis kysymys? Miksi lasten ja nuorten lisäksi myös yhä useammat aikuiset voivat huonosti? Miksi kirjoittaisin siitä mitään, tai ajattelisin, että juuri minulla olisi siitä jotain tärkeää sanottavaa?

Matkani suomalaisessa koulujärjestelmässä on kulkenut koululaisesta opiskelijaksi, koulunkäynninohjaajaksi, luokanopettajaksi ja edelleen rehtoriksi. Matkalle mahtuukin monenlaisia muistoja ja kokemuksia pulpetin molemmin puolin. Onnistumisia, oppimisen iloa ja mahtavia muistoja. Mukaan mahtuu kuitenkin myös epäonnistumisia, väkivaltaa ja raskaita muistoja. Sellaista ihmistyö on. On tärkeää tiedostaa, että vaikka useimmiten puhumme peruskouluista juuri edellisten ääri-ilmiöiden kautta, ne ovat ainakin tähän saakka olleet murto-osa kouluarkemme todellisuutta. Yksi tapa arvioida kouluja on tuijottaa niiden suurimpia onnistumisia ja epäonnistumisia, mutta silloin harhaudumme helposti ottamaan koulujen kehittämisen pohjaksi jonkun muun kuin keskimääräisen koulutodellisuuden. Kun puhutaan kouluista, on tärkeää myös muistaa, että se on vain osa lasten ja nuorten elämää. Koulu ei voi tässä mielessä milloinkaan ottaa yksinään kunniaa siitä, että joku menestyy elämässään, tai vastuuta siitä, kun käykin päinvastoin. Jos haluamme nähdä yhteiskunnan ja koulujen tulevaisuuteen, pitää olla ennen kaikkea erityisen kiinnostunut siitä, mitä ihan tavallisten ihmisten elämässä kokonaisuutena tällä hetkellä tapahtuu.

Selvä muutoksen hetki leijailee juuri nyt niin iholla, että tuntuu kuin sitä voisi melkein koskettaa. Koulutyössä on jo lähes viikoittain istuttava alas, kaadettava kuppiin sysimusta kahvi ja syvennyttävä ratkaisemaan jotain sellaista oppilastyön haastetta, johon ei ole koskaan aikaisemmin törmännyt. Tosiasia on, että kouluissa on nyt enemmän opettajia, ohjaajia, psykologeja, kuraattoreita, kouluvalmentajia ja muita aikuisia kuin koskaan aikaisemmin Suomen historiassa. Nämä aikuiset ovat keskimäärin koulutetumpia ja työkokemuksensa kautta jo kokeneempia kohtaamaan oppilaiden moninaisia haasteita kuin yhdenkään edeltävän

11

sukupolven vastaavat aikuiset ennen heitä. Tästä huolimatta meillä on suurempi pula oppilaiden tarvitseman tuen saatavuudesta kuin koskaan aikaisemmin. Ongelmat tuntuvat kasaantuvan, vaikka lasten määräkin kouluissa vähenee koko ajan. Pitkään on jo puhuttu oppilaiden ääripäiden kasvavasta polarisaatiosta suhteessa haasteiden ilmenemiseen, mutta huolimielessä on tämä asia ainakin itselläni alkanut painumaan jo taka-alalle. Todellinen mielenkiinnon kohteeni on nyt se, mitä edellä mainittujen ääripäiden välissä tapahtuu. Aivan yleisellä tasolla madaltunut pettymyksen sieto, motivaatio keskittyä, kyky ponnistella, taidot huomioida toisia ihmisiä tai toimia ryhmässä. Oppilaiden totutut keskimääräiset kouluvalmiudet tuntuvat laskevan, vaikka valmiutta kohdata näitä haasteita lisätään joka ainoa lukuvuosi. Jos tätä pitäisi jotenkin kiteyttää, voisi todeta, että lasten psyykkiset kouluvalmiudet ovat laskeneet keskimäärin alemmalle tasolle kuin mihin olemme vuosikymmeniä kouluissa tottuneet. Väitän, että ilmiön avainsana on yhteiskunnallinen muutos ja sen ytimessä olevat arvomme.

Digitalisaatio lyö kättä markkinatalouden kanssa

Koulussa puhaltavat siis muutosten tuulet, mutta puhurin lähtöpiste se ei kuitenkaan ole. Ymmärtääksemme sitä, mitä kouluissa nyt tapahtuu, meidän on noustava paljon korkeammalle. Niin ylös, että näemme kaikkialle koulujen ympärille ja myös lähimenneisyyteen. Missä ja miten yhteiskuntamme nykyarvot ovat syntyneet? Ainakin se tiedetään, että uskonnolliset, kulttuuriset ja kansalliset tekijät yhteisen arvopohjan luojina ovat heikenneet merkittävästi uudelle vuosituhannelle tultaessa.

Olemmekin nyt arvojen ja elintapojemme kanssa yhden yhteiskunnallisen ajanjakson päätepisteessä, jossa meillä on mahdollisuus tehdä yhtä lailla hyviä kuin huonoja valintoja. Tulevaisuus ei piittaa siitä kumpia teemme, mutta lasku koituu joka tapauksessa meidän itsemme maksettavaksi. Suuret muutokset ovat edessämme paljon nopeammin kuin moni ajattelee, minkä vuoksi niille on myös syytä alkaa uhrata aikaa ja ajatuksia. Työelämän tasolla näyttää siltä, että olemme nopeasti siirtymässä tiedon käsittelyn aikakaudesta tiedon hallinnan aikakauteen.

Tekoäly-Chat GPT avattiin suurelle yleisölle loppuvuodesta 2022. Jo parissa vuodessa on tullut selväksi, että arkityömielessä aikamme mekaanisen tiedon kerääjinä, yhdistelijöinä ja raportoijina tullee merkittäviltä osin päättymään jo lähitulevaisuudessa. Meillä on silti edelleen oltava hyvä käsitys siitä, mitä haluamme tekoälyn meille tuottavan, miten arvioimme sen tuottamaa tietoa ja mitä ihmiskuntana tekoälyn avulla lopulta tavoittelemme. Nykyteknologiakin on jo tarjonnut meille elintärkeän oppitunnin siitä, mikä kaikki voisi myös tekoälyn kanssa mennä pieleen. Kun yhteiskuntien johtavana arvona pidetään

13

taloutta ja unohdetaan inhimilliset tekijät, voitaisiin tekoälyn imussa todella päästä lähelle joidenkin tieteiselokuvienkin kuvaamaa dystopiaa.

Testataanpa siis vähän tekoälyajatusta ottamalla esimerkiksi yhteiskunnallisesta haasteesta akuutti terveydenhuollon kriisi, jossa lääkäriin pääsy on hidasta. Voisiko pitkälle kehittynyt tekoäly korvata ensivaiheen hoitoonohjauksessa terveydenhoitajan tai jopa lääkärin? Ajatus on siinä mielessä mahdollisuuksien rajoissa, että voisin vaikka vannoa, että tätä tullaan kokeilemaan jo hyvin pian. Tämä on samalla hyvä esimerkki tilanteesta, jossa tekoälyä voitaisiin käyttää ihmisten hyväksi mutta myös vahingoksi. Jos pyrkimyksenä olisi nopeuttaa ihmisten hoitoon pääsyä, ehkäistä ensivaiheen diagnosoinnin inhimillisiä puutteita ja helpottaa kirjaamiseen liittyvää metatyötä, voisi tekoäly taas koitua potilaiden eduksi. Mutta jos pääasialliseksi tavoitteeksi otetaankin tuottavamman terveysbisneksen tekeminen lääkärikuluja säästämällä, kurkkaa dystopia taas nurkan takaa. Asiat eivät aina tosielämässä ole näin mustavalkoisia, mutta aika naiivia olisi kuitenkin väittää, etteivätkö taloudelliset arvot olisi jokseenkin niskan päällä inhimillisiin arvoihin verrattuna tämän hetken maailmassa.

Tekoälyn käsitteleminen omana aiheenaan on perusteltua, koska olemme jo tehneet hiljaisen päätöksen siitä, että tekoäly on keskeinen osa ihmiskunnan tulevaisuutta. Tämä on johtanut

14

siihen, että resursseja tekoälyn kehittämiseen ohjataan parasta aikaa runsaasti. Voimakas kehittäminen taas tekee tekoälystä ennen pitkää totta. Ihminen tuntuukin pyrkivän aina toteuttamaan kaikkien tieteiselokuviensa keksinnöt. Voin puhua kellooni kuin lapsuuden sankarini Ritari Ässä, ja vähän toisin kuin olin toivonut, puolustusteknologian "tappajarobotitkin" ovat jo tänä päivänä osin totta. Digitalisaatio on nyt liioitellustikin pinnalla, vaikka ihmislajina pystyisimme elämään vallan mainiosti ilmankin. Digitalisaation pitäisi säästää meille aikaa, mutta ainakin toistaiseksi se tuntuu vain vievän sitä pois.

Siirtymä tekoälyn aikakauteen ei varmasti ole kivuton, mutta niin todennäköinen, että on järkevämpää pohtia inhimillisen elämän edellytyksiä tekoälyn rinnalla kuin sulkea siltä silmänsä. Meistä jokainen haluaa välillä laiskotella, ja ajatus siitä, että jokin hoitaisi ikävät hommat puolestamme, kiehtoo meitä kuin sokeri muurahaisia. Samaan aikaan olemme täysin riippuvaisia siitä, että tulemme nähdyiksi ihmisinä ja koemme elämällämme, ajatuksillamme ja tekimisillämme olevan merkitystä toisille ihmisille. Jos edelliset asiat eivät täyty, ihminen menettää elämänhalunsa. Siksi erityisesti juuri nyt on kysyntää inhimillisten arvojen ymmärtämiselle ja ihmisenä elämisen taidoille. Tämän puolen on oltava todella vahva, kun kerran olemme päättäneet elää tulevaisuudessa onnellisina laajasti tekoälyä hyödyntävässä maailmassa.

Mielenterveyden aikalisä

Palataanpa tulevaisuuden visioista ja tekoälystä takaisin tähän hetkeen. Pelkkä taivastelu ei auta, vaan on myös reagoitava ja ymmärrettävä nykytilanteemme syitä ja seurauksia. Mikä lasten, nuorten tai aikuisten elämässä nyt mättää? Miten nykytilanteeseen on tultu ja miksi emme tunnu löytävän ratkaisuja? Aloitetaan tämän aiheen purkaminen parilla puhuttelevalla sitaatilla:

"Nuorten ahdistuneisuus ja kiusaaminen lisääntyivät entisestään – Kouluterveyskysely yllätti tutkijat" (Kangas 2023)

"Mielenterveyden häiriöistä on tullut selvästi suurin syy suomalaisten pitkille sairauspoissaoloille. Kasvu on ollut voimakasta vuoden 2016 jälkeen, ja se jatkui edelleen vuonna 2024." (Kela 2024)

Pitkien mielenterveysperusteisten sairauspoissaolojen vuoksi menetettiin Suomessa arviolta 5,8 miljoonaa työpäivää vuonna 2023 (Kela 2024)

Mielenterveyden haasteita on ihmisillä ollut aina. Nyt puhumme kuitenkin esiintyvyydeltään ilmiöstä, joka uhkaa murentaa yhteiskuntien kantokykyä eikä selity enää pelkästään lisääntyneellä tietoisuudella ja diagnosoinnilla. Järisyttäviä lukuja ei voi selittää parhain päin enää juuri mitenkään. Kun puhutaan mielenterveydestä, lähestymme niin yhteiskuntina kuin yksilöinä inhimillisen kantokykymme rajoja.

Jaksamisen kysymykset läpäisevät aivan kaiken inhimillisen toiminnan ja esimerkiksi voi ottaa oikeastaan minkä tahansa ensimmäisenä vastaan tulevan ilmiön työelämästä, koulutuksesta tai terveydenhuollosta.

Aikuiset ovat tuskin hukanneet silmänräpäyksessä intuitiivista kykyään kasvattaa lapsia, tai lapset kykyään toimia aikuisten ohjauksessa. Mistä on kyse? Etsimme syyllisiä, mutta emme tunnista, tai tunnusta, ilmeisiä vastauksia ympärillämme. Lapsia on kasvatettu jo vuosituhansia vähintään kelvollisesti ilman ainoatakaan virallista asiantuntijaa. Ihmisyys ja kyky inhimillisesti oikeisiin valintoihin ovatkin meissä kaikissa sisäänrakennettuina. Lapsuuden meneillään olevaa kriisiä ratkoessa jahtaamme usein jo niin kummallisia syitä, että emme enää näe sitä, miten oma tapamme elää vaikuttaa lapsiimme.

Arkipäivän kasvatus ei ole rakettitiedettä. Kun kuitenkin vähän raottaa elämäntapamme muutoksia viime vuosikymmeninä, löytyy sieltä monia tekijöitä, joiden on jo aikojen alusta tiedetty olevan hyvin vahingollisia lasten ja nuorten terveelle kasvulle. Ilmiön yksinkertaisuudessa on varmasti yksi syy siihen, miksi kasvatusalan asiantuntijoiden näkemykset eivät tunnu tässä ajassa kiinnostavan oikein ketään. Emme halua jonkun harmaaparran jankkaavan meille itsestäänselvyyksiltä kuulostavia väitteitä, joita emme kuitenkaan pysty noudattamaan. Me haluamme tajunnan räjäyttävän digitaaliajan vision, joka tekee kaikesta vanhasta kertaheitolla huonoa ja tarpeetonta. Digitaalisuus on muuttanut maailmaa lyhyessä ajassa niin paljon, että olemme harhautuneet luulemaan sen poistavan myös ihmisenä elämisen lainalaisuudet. On totta, että kaiken autuaaksi tekevään visioon verrattuna kuulostaa pirun lattealta sanoa: *"Sinun pitäisi viettää enemmän aikaa omien lastesi kanssa ja olla heille aidosti läsnä. Muuta ratkaisua ei ole."* Sisimmässämme tunnistamme kai tämänkin, mutta kykenemättöminä toimimaan, rikkoo tietoisuus meitä ihmisinä vain lisää.

Keskeiset kasvatusongelmamme ovat näin ollen nivoutuneet hyvin syvälle nykyiseen tapaamme elää. Suurissa määrin elättelemmekin edelleen toiveita siitä, että jostain löytyisi jokin hopealuoti tai metodi, joka parantaisi kaiken ilman, että meidän tarvitsisi itse muuttaa mitään. Elämämme tässä ajassa muistuttaakin jollakin kummallisella tavalla päihderiippuvaisten elämää. Olemme koukussa johonkin sellaiseen, jonka itsekin alitajuisesti tunnistamme vahingolliseksi, mutta emme silti pysty lopettamaan. Uskottelemme edelleen itsellemme ja samalla koko muulle "käyttäjäporukalle", että ei meillä tässä vielä mitään ongelmaa ole. Objektiivisesti tarkastellen jälki on kuitenkin jo aika karmeaa.

Nämä lainaukset antavatkin aihetta ajatteluun:

"Lähes joka viidennellä 18–22-vuotiaalla oli mielenterveyteen liittyvä käynti julkisessa terveydenhuollossa vuonna 2020." (THL 2022)

" Suomessa masennuslääkkeiden kulutus seitsenkertaistui vuosina 1990–2000. Vuonna 2000 masennuslääkkeitä käytti 270 000 suomalaista, vuonna 2022 jo 590 000" (Heikkilä 2023)

Joka kymmenes suomalainen syö siis nyt masennuslääkkeitä, mikä on sinällään hyvä asia. Monet ihmiset ovat uskaltaneet ja osanneet hakea apua, eivätkä mielenterveyden haasteet ole enää sellainen tabu kuin vielä muutama vuosikymmen sitten. Nykyään on ihan normaalia keskustella puolituttujen aikuisten kanssa lasten harrastuspaikan parkkipaikalla siitä, kuinka oma mieli on ollut lujilla. Se on huikea parannus menneisiin aikoihin nähden. Mutta kun miettii, että kaikki eivät varmasti ole kuitenkaan osanneet hakea apua, ei siitä pääse oikein mihinkään, että luvut ovat vähän rajuja maailman onnellisimmalle kansalle.

Ongelmien kieltäminen on osin inhimillistäkin, eikä siitä ole tarpeen osoittaa ketään sormella. Yhteiskunnan tasolla olemme kaikki niin syyllisiä kuin uhreja omassa ajassamme. Koska olemme sietokyvyltämme ainoastaan ihmisiä, vääjäämätön muutos on kuitenkin tulossa. Aikakaudet kääntyvät hitaasti kuin rahtilaivat Panaman kanavassa, mutta meidän on uskallettava kohdata ongelmamme keskellä tätä kummallista aikaa. Mikään yhteiskunnallinen vaihe tai haaste ei jatku loppumattomiin, mutta kärsivällisyyttä vaaditaan varmuudella. Tarkoituksena ei nyt ole jeesustella tai väheksyä nykytilanteen vaikeutta. Emme pysty esimerkiksi kansakuntina yhtäkkiä hyppäämään ulos maailmantalouden oravanpyörästä, mutta yksilötasolla on kuitenkin syytä alkaa pohtia omia arvovalintoja.

Nyt meneillään olevat nopeat ja suuret yhteiskunnalliset muutokset laukaisevat meissä joukon puolustusmekanismeja, joilla mieliparkamme koettaa sopeutua muutoksiin. On varmasti ihan viisastakin sivuuttaa karuimmat ihmiselämää koskevat uutisoinnit yhdellä kertaa. Maailman tuska on pakko ottaa vähän pienempinä paloina ja aloittaa ensin omasta hyvinvoinnista. Tiedätkö muuten, mikä on nykyään varmin tapa romahduttaa elämässään "menestynyt" aikuinen vain muutamalla sanalla? Osoita toiselle aitoa läsnäoloa, empatiaa ja kiinnostusta ja lausu sitten rauhallisesti ääneen: "Miten sinä jaksat?". Taikuutta, vai sittenkin merkki jonkin muutoksen tarpeellisuudesta? Hullua ehkä, mutta varmaa on ainakin se, että elämme aikaa, joka suorastaan huutaa muutosta.

Jahtaammeko näkymätöntä syyllistä?

Lapsissa ja nuorissa elämä on puhtaimmillaan, eivätkä he kykene tässäkään ajassa aikuisten tavoin piilottelemaan tuntemuksiaan. Lapset ovat kuin elämäntapamme paljastavia indikaattoritikkuja. Jos merkittävä määrä tikuista mustuu, on pysähdyttävä vakavasti tutkimaan sitä liemeä, jota hyvinvointiyhteiskunnaksi kutsumme. On kysymys kännykkää suuremmasta kokonaisuudesta, vaikka se onkin niin monella tavalla tämän sieluttoman aikakautemme symboli ja keskeinen instrumentti.

On tärkeää kuvata tätä hetkeä ja arvioida, mihin olemme matkalla. Mutta kannattaa myös pyrkiä hahmottamaan sitä, miten tähän on viime vuosikymmeninä niin nopeasti tultukaan. Miten kehitys on vaikuttanut lapsiin, nuoriin, aikuisiin ja itselleni yhteiskunnan tutuimpaan instituutioon eli peruskouluun? On sanottu, että ongelmia osaa osoittaa kuka tahansa, mutta harvalla on tarjota niihin mitään ratkaisuja.

Pyrinkin tässä kirjassa löytämään ratkaisuja peruskoulujemme keskeisimpiin haasteisiin. Käytännössä teen tämän hahmottelemalla perusteltuja, realistisia ja saavutettavissa olevia toimintaedellytyksiä tulevaisuuden koululle. Tarvittavat asiat ovat niin hyvinä kuin huonoina aikoina samoja, mutta vahvasti riippuvaisia vallitsevasta yhteiskunnallisesta tilanteesta. Peruskoulu on erottamaton osa yhteiskuntaa ja samalla myös sen lahjomaton peili. Ratkaisuni ovat hypoteettisia, enkä oleta, että ne toteutuisivat minkäänlaisena ennustuksena. Syy-seuraussuhteiden ymmärtäminen ja avaaminen ovat kuitenkin hyvä tapa synnyttää juurevaa keskustelua sekä konkretisoida sitä, mihin nyt tekemämme valinnat voisivat meidät tulevaisuudessa johtaa.

Läpikaupallistuneessa maailmassa eletään parasta aikaa nopeassa sykkeessä, jossa pisinkin näkymä tulevaisuuteen on kvartaali. Sama toimintatapa ei luonnollisesti sovi lainkaan ihmisten kasvattamiseen, mutta yhtäläisyyksiäkin siinä on. Pienillä panoksilla ei tunnetusti tule suuria voittoja lotossakaan, mutta jos kasvatukselle antaa aikaa ja läsnäoloa, on myös lupa odottaa tälle "tuottoa". En ole vähääkään talousihminen ja taloustermien käyttäminen inhimillisen toiminnan yhteydessä on tuntunut minusta aina vähän halvalta. Pääajatukseni on kuitenkin se, että pelkästään kylmällä rahalla emme tule koskaan ostamaan ihmisten tervettä kasvua ja tietämme onneen. Se on pidemmällä aikavälillä sekä ihmiskunnan onni että lopulta jopa pelastus.

Tarkoituksenani ei ole maalata piruja seinille, vaan luoda tulevaisuudelle elintärkeää toivoa. Olen vakuuttunut siitä, että ihan oikea pysähtyminen ja harkinta tässä ajassa johtaisivat ilman tarpeettomia kärsimyksiä onnellisempaan ja tasapainoisempaan ihmiskuntaan myös tulevaisuudessa. Myönnän, että meneillään olevasta todellisuudesta on todella vaikeaa puhua aina pelkästään valoisasti. Tavoitteenani on kuitenkin ehdottomasti manata parempia aikoja, jossa ihmisyyskin voisi jälleen kasvaa täyteen mittaansa. Suomessa törmääkin välillä sanontaan: "Tosiasioiden tunnustaminen on viisauden alku.". Erinomaisesti sanottu.

Yleisesti tiedostetaan, että koulut ovat aina avainroolissa, kun yhteiskuntia kehitetään. Paras tapa tunnistaa tähän liittyvä huijaus on poikkeuksetta se, kun joku pyrkii irrottamaan yhteiskunnan ja koulun toisistaan. Jokainen kolmen pennin konsultti, joka tuo kouluun jonkin innovaation ja sivuuttaa ympäröivän yhteiskunnallisen todellisuuden, on kaikkien ajan haaskaaja. Jokainen tietäjä, joka tulee koululle kertomaan, että koulun keskeisimmät ongelmat johtuvat aina kouluista itsestään, syyllistyy joko itsepetokseen, tai kuten niin valitettavan usein, pyrkimykseen tehdä nokkelalla disinformaatiolla rahaa.

Aika näyttää omien päätelmieni vahvuudet ja heikkoudet, mutta varmaa on kuitenkin se, että saamme tulevaisuudessa juuri oman yhteiskuntamme näköisen koulun.

On hyvä tiedostaa, että ihmisen kasvu, kehitys tai oppiminen eivät ole muuttuneet tuhansien vuosien aikana mihinkään, kuten ei ihmislajikaan. Kun kasvatustyön ammattilaiset kertovat, että jokin totuttu asia ei enää kouluissa toimi, se on myös keskimäärin totta. Julkisessa keskustelussa olemme kuitenkin usein taipuvaisia ostamaan mieluummin ajatuksen siitä, kuinka nykykoulu on vain kaikin puolin vääränlainen. Monelle kasvatusalan ulkopuoliselle "tietäjälle" tämä on houkutteleva ja omaa egoa hyväilevä markkinarako: *Minä tiedän paremmin kuin koko kollektiivinen kasvatusalaa opiskellut ja*

23

elämäntyönään tekevä ammattikasvattajien joukko ja muutan tämän ylivertaisuuteni rahaksi".

Psyykkinen syy peruskoulun "huonoudelle" on myös siinä, että henkilökohtaisissa koulumuistoissamme on aika helppo samaistua muun muassa omien lastemme oppimisen tuskaan: työläyteen, tylsyyteen, vaivannäköön ja jopa ahdistaviin tilanteisiin. Eikö kaikkea voisi vain oppia laulellen, ilon kautta, vaivaa näkemättä ja inhottavat tilanteet väistellen? Valitettavasti ei. Ihminen ei voi oppia, ei kasvaa yksilönä eikä toimimaan osana ryhmää tai yhteisöä ilman, että mukana on myös hiukan tuota oppimisen tuskaa.

Olemme tästä usein yhtä mieltä, kunnes ongelmat alkavat koskettaa omia lapsiamme. Tai kun tulee jokin innovaatio, joka lupailee, että voisimme sittenkin päästä vaativasta kasvatustyöstämme vähän helpommalla. Kun esimerkiksi tableteille tuli 2010-luvulla ensimmäiset hauskat opetuspelit, kaikuivat myös välittömästi ensimmäiset puheet siitä, kuinka kouluja ei enää kohta tarvittaisi mihinkään. Pikku-Jaskakin oppi perusmatematiikan jo lapsena kotonaan tabletilla leikkien! Miten sitten on mahdollista, että jo pienenä kaiken oppinut pikku-Jaska onkin nyt lukkiutunut masentuneena omaan huoneeseensa ja monta vuosiluokkaa tiedollisesti sekä taidollisesti omaa ikäryhmäänsä jäljessä? Tabletista se ei yksistään johdu. Aika usein ollaan kuitenkin todella ylimielisiä, jos joku yrittää mahtavan keksinnön ilmaantuessa muistutella, että tietojen ja taitojen opettelu eivät suinkaan ole synonyymeja kasvulle, kasvamiselle ja kasvatukselle. Kertotaulun osaaminen kun ei tee kenestäkään ihmistä. Jos sivuutamme tärkeimmän, eli kasvatustehtävän, tulee ongelmia, jotka ilmenevät usein juuri mielenterveyden haasteina. Tässä kohtaa on syytä painottaa, että lasten ja nuorten mielenterveyden haasteet ovat aina myös kaikille läheisille äärimmäisen raskaita asioita ja niitä esiintyy kaikkina aikoina myös siten, että yksiselitteisiä syitä tai "syyllisiä" ei löydy. Mahdollisia syitä on lukuisia, ja jokainen murtunut mieli on yksilötapaus, jota on kunnioitettava sellaisenaan. Yhteiskunnallisesta näkökulmasta on kuitenkin tosiasia, että nykyhaasteille on löydyttävä myös selkeitä, tähän aikakauteen sidottuja selityksiä.

On todella vaikea hyväksyä, että lastemme asiat menevät näin usein pieleen, vaikka olemme vanhempina opiskelleet ja eläneet tarkasti oman aikamme yhteiskunnallisten odotusten mukaisesti. Vanhempana puolustusmekanismit nostavat herkästi päätään, ja selitykset voivat kuulostaa vaikkapa tältä:

"Olemme tavallinen työssä käyvä ja omillaan toimeentuleva perhe. Kouluissa ei vain ymmärretä Jaskan levotonta ja aggressiivista käytöstä, eikä siellä ole riittävää ammattitaitoa kohdata Jaskaa. Mitään oppimisvaikeuksia Jaskalla ei tutkitustikaan ole. Jaska tarvitsee vain oman tilan, oman aikuisen ja hänelle räätälöidyt

henkilökohtaiset tavoitteet sekä sisällöt. Meillä ei ole kotona mitään ongelmia. Syöminen, nukkumaan meneminen, puhelinajan rajoittaminen ja keskustelu ovat vaikeita, mutta niistä kyllä selvitään, kun ei puututa liiaksi. No pieniä raivareita tietysti tulee aina välillä, mutta kotivakuutushan korvaa suurimman osan."

Haasteita on monenlaisia, mutta edellinen esimerkki ei missään nimessä ole liioiteltu. Jaskalla saattaa olla neurologisia haasteita, jotka edellyttävät muun muassa pitkiä terveydenhuollon väliintuloja. Ydinongelma on kuitenkin haasteiden moninaisuus, johon emme pysty kouluissa enää aina vastaamaan. Haasteita on nykyään paljon lähes jokaisella luokalla, ja tuntuu mahdottomalta ajatella, että jokaisen ongelman takana olisivat esimerkiksi puhtaasti neurologiset syyt. Ajattelen, että nopeasti kasvaneiden ja moninaisten ongelmien syyt eivät ole oppilaissa, vanhemmissa tai koulussa. Muutoksen avaimet ovat käsillä vasta siinä vaiheessa, kun pystymme nostamaan katseemme syyllisten etsintää pidemmälle.

Tiedämme koulussa kokemuksesta, että oppilaiden haasteita lähdetään usein ratkomaan siten, että syyllisyyttä vieritellään kolmiossa: oppilas, koulu ja vanhemmat. Näin saadaan aikaan värikkäitä väittelyitä ja hukataan ongelmien yhteiskunnallinen luonne, joka koskee lopulta ihan tasapuolisesti meitä kaikkia. Jos yksilötasolla asioiden selvittämistä haastaa perinne, jossa on aina löydettävä kaikkiin ongelmiin "syyllinen", haittaa se asian ratkomista myös yhteiskunnallisella tasolla.

Kohtaamispaikkamme on nykyään mitä suuremmissa määrin kaupallinen sosiaalinen media. Sosiaalisen median keskustelualustat ovat mitättömässä ajassa onnistuneet poistamaan sellaisen keskustelun, jossa mielipiteiden asiaperusteluilla, kuuntelulla tai toisten kunnioittamisella olisi keskusteluiden aiheille mitään päämääriä luovaa tarkoitusta. Jos joku keskustelu saadaankin somessa käyntiin, vanhenee se nopeammin kuin jauheliha huoneenlämmössä. Nopea "swaippaus" ja uutta "reelsiä" ruudulle. On oikeastaan aika raju havainto, että kun keskusteluiden määrä on rajoittamaton, emme enää ehdi pysähtymään minkään asian äärelle. Mainostajia kun ei kiinnosta mikään "yhteiskunnallinen tulevaisuus". Riittää, että vellomme mahdollisimman pitkään verkossa imien rysälle asetettua mainosdataa lyhyiden mikroväittelyiden ja videoiden välissä. Tilanne perinteisissä somekeskusteluissa onkin se, kun kutsuisi kahden eri jääkiekkojoukkueen kannattajat pieneen neuvotteluhuoneeseen hakemaan sivistynyttä yhteisymmärrystä siitä, kumman kannattama joukkue on parempi. Lopputuloksen jokainen ymmärtää selittämättäkin.

Yhteisistä asioista keskusteleminen muuttuu mahdottomaksi, kun omien mielipiteiden suojaksi aletaan rakentamaan erilaisia joukkueita ja liittoumia. Yhtäkkiä et voikaan enää ajatella mistään asiasta vapaasti. Aate korvaa tarpeen hakea yhteisiä ratkaisuja, ja siitä tulee monelle myös merkittävä osa omaa identiteettiä. Tämä johtaa siihen, että kaikki itselle väärän aatteen ajatukset ovat paitsi keskustelematta huonoja, myös suoria henkilökohtaisia loukkauksia. Tässä mielessä me ihmiset olemme vaarallisen helppoja. Aikuisiakin ihmisiä on vaivatonta hassuttaa kuin päiväkoti-ikäisiä. Valitaan sopiva teema, otetaan siihen jyrkän epäanalyyttinen näkökulma ja esitetään kohdennettu syytös. Tämän jälkeen painetaan julkaise-nappia. Soppa on valmis. Monen aikuisen pitäisi kuitenkin ensin tutkiskella omaa käytöstään ja katsoa peiliin, ennen kuin menee antamaan minkäänlaisia puheenvuoroja esimerkiksi kiusaamisesta.

Vaikka tiedostamme somekeskustelujen ongelmat, olemme silti todella alttiita niiden vaikutuksille. Heittäydymme niihin tunteella mukaan – ainakin pariksi minuutiksi kerrallaan. Olemme vahingossa saattaneetkin antaa mahtavan aseen niille voimille, jotka haluavat edistää helpolla tavalla omia vaarallisiakin ajatuksiaan yhteiskunnissa. Yhä useammin kuulee jo käytettävän somesta termiä: "epäsosiaalinen media", ja sitä se todella on. Vaikka kirjoittaisit jostakin aiheesta asiallisen keskustelun avaukseksi kokonaisen kirjan, käsitellään se todennäköisesti jo seuraavana päivänä somessa riviäkään lukematta tällaisella syväanalyysilla: "tyhmä jätkä".

28

Vain muutama siiven isku sitten

Ei ole kovin viisasta kirjoittaa rivitolkulla yhteiskunnallisesta muutoksesta ja olettaa, että kirja ei putoa sängyllä väsyneen lukijan naamaan, kun silmät painuvat väkisin kiinni. Älä kuitenkaan nukahda ihan vielä, sillä juuri tähän jaksamisen ongelmaan kiteytyy tässä ajassa oikeastaan ihan kaikki. Miksi emme siis jaksa? Kysymys ei ole mielestäni laiskuudesta, vaan inhimillisistä rajoista. Olemme ihmisiä, jotka tekevät koneita, mutta emme silti itse ole koneita. Lähdetäänpä siis pienelle aikamatkalle tämän päivän keski-ikäisten jaksamattomuuden syntyhistoriaan.

Tuomas Kyrön edellisten sukupolvien tavallisten äijien mielenmaisemaa nerokkaasti kuvaava Mielensäpahoittaja-kirjasarja toteaa: *"tavallinen riittää"*. Tämän päivän keski-ikäiselle tilanne on enemmänkin se, että tavallinen on jo liikaa. Mielensä pahoittaminen on sekin muuttunut merkitystään, koska monella on jo valmiiksi riittävän paha olo aivan kaikesta. Synkkä mielenmaisema tuntuukin olevan jo monessa keski-ikäisessä samanlaisena vakiovarusteena kuin sähköikkunat halvassa autossa.

On ilmeistä, että mielipahan ja auton sähköikkunoiden välillä on tuskin merkittävää syy-seuraussuhdetta. Mutta antaapa olla, kun keskustelu teknologisista innovaatioista kääntyy internetiin ja kännyköihin. Tässä vaiheessa on jo etusormet pystyssä ja ilma sakeana erilaisia apokalyptisia ennustuksia sekä tuomioita. Helposti keskustelu kuitenkin myös päättyy aina tuloksettomana tähän, emmekä ole kovin halukkaita jatkamaan aiheen perkaamista niin pitkälle, että joutuisimme tarkastelemaan omaa tapaamme elää. Syyllinen onkin aina helpompi nähdä esimerkiksi anonyymissa laitteessa tai muissa ihmisissä kuin oman vessan peilissä.

Kerrataan lähtötilanne. Onko edes mahdollista kertoa oman elämänsä kiireisille multitalenteille, coacheille ja managereille yhteiskunnallisten muutosten vaikutuksista meihin ja lapsiimme niin, että se saisi raivattua tarvittavan määrän tilaa pysähtymiselle keskellä tätä käsittämätöntä aikaa? On pakko yrittää.

Olen tätä kirjoittaessani 43-vuotias. Se on sellainen ikä, että johonkin päin kroppaa sattuu jo liian usein. Mutta jos aorttani nyt yhtäkkiä repeäisi, päiviteltäisiin loppuviikon kahvipöytäkeskusteluissa varmasti: "Jo vain siinä lähti mies nuorena.". Vaikka Lapin kesä -laulunkin sanoissa todetaan: "Nuori mies on hautaan valmis jo", koen tuon säkeen omakseni lähinnä voimaannuttavana mustana huumorina. En kuitenkaan toivo tulevani ihan vielä kuopatuksi. Se, mistä noiden sanojen itselleni tuottama liian varhainen vanhuuden kokemus kuitenkin nousee, on ikätoverieni tavoin syntyminen melko ainutlaatuiseen maailmaan.

30

Pidän itseäni verrattain nuorena, mutta joulukuussa 1980 oli vielä Neuvostoliitto, DDR, Kekkonen ja lankapuhelin. Omat vanhempani ovat syntyneet toisen maailmansodan aikana, ja omat isoisäni olivat sodassa rintamalla. Kotona oli mustavalko-tv, ja siinä kaksi kanavaa. Lasten ruumiillinen kurittaminen ei ollut laissa kiellettyä, ja homoseksuaalisuus määriteltiin virallisessa tautiluokituksessa sairaudeksi. Naiset eivät saaneet toimia valtauskontomme pappeina vielä lähes vuosikymmeneen. Tänä päivänä raskain arkikoettelemuksemme voi olla loukkaantuminen verisesti mielipide-eroista täysin tuntemattomille ihmisille somessa. Maailma on totisesti muuttunut vain 40 vuodessa, mutta kuten vuoden 1980 esimerkeistäkin käy ilmi, enimmäkseen parempaan suuntaan. Nopea muutos ja nopea elämänrytmi tuovat kuitenkin myös aivan tarpeettomia uhreja. Työelämässä saattaa samoissa tehtävissä työskennellä ihmisiä, jotka ovat kirjaimellisesti syntyneet ja eläneet aivan erilaisissa todellisuuksissa. Muutama tarkentava kysymys auttaisi usein huomaamaan, että ihmisinä olemme hyvin samanlaisia, vaikka puhummekin syntymävuotemme mukaan vähän "eri kieltä".

Jokainen ihminen syntyy aina keskelle yhteiskunnallista muutosta ja elää sellaisen mukana. Tapamme elää on pelkästään viimeisten vuosikymmenien aikana ollut niin käsittämättömän rajussa muutoksessa, että yleisimmin viitattu sukupolviluokittelukin on typistynyt reilun kymmenen vuoden jaksoihin. X-sukupolvea, johon itse kuulun, ovat seuranneet jo Y-, Z- ja Alfa-sukupolvet. 2025 syntyviä nimetään Beta-sukupolveksi. Vaikka luokittelu onkin paljolti populaarikulttuuria, on sille yhteiskunnallisen muutoksen näkökulmasta myös paljon pohjaa.

Pikkupoikana minulle tulivat vastaan ensimmäiset kotitietokoneet ja pelikonsolit: Atari, Spectravideo, C64 ja edelleen koululaisena Amigat, Nintendot, Segat ja PC:t. Internet tuli kotiini vuonna 1993. Tietokoneita piti itse koota ja ymmärtää niiden sekä verkon perustoimintaperiaatteet. Koodattiin huvin vuoksi alkeellisia pelejä, siirrettiin tiedostoja verkossa ja vuorovaikutettiin chateissa. Isä oli mukana luomassa matkapuhelinverkkoja Suomeen, jonka seurauksena minulla oli toisella luokalla leirikoulussa mukanani isän töistä tuoma Mobira Cityman NMT-puhelin aikana, jolloin matkapuhelimet olivat suurimmalle osalle ihmisistä vielä täyttä scifiä. Luokkakavereiden vanhemmista moni oli aidosti ihmeissään siitä, että kuinka pystyimme soittamaan leirikoulumatkalta "metsästä" kotiin. Tästä hetkestä kului kuitenkin ainoastaan vuosikymmen, kun tuollakin leirikouluporukalla vanhempineen oli jokaisella omat seuraavan sukupolven GSM-puhelimet kustomoiduin soittoäänin taskussaan. Koneiden laskentatehot, tallennuskapasiteetit ja tiedonsiirron nopeudet ovat tasaisesti kasvaneet ja jatkavat edelleen kasvuaan. Varsinaiset merkkipaalut koti-internetin jälkeen ovat olleet muun muassa älypuhelimet ja muut mobiililaitteet sekä langattomat verkot, Googlen valta-asema, sosiaalisen median läpimurto ja videoneuvottelujen nopea arkipäiväistyminen koronan takia. Nyt viimeisimpänä ilmiönä on tekoäly, josta povataan suurinta mullistusta tapaamme elää sitten avoimen internetin saapumisen.

Amerikkalainen edesmennyt tutkija Roy Amara on antanut nimensä niin sanotulle Amaran laille, joka vapaasti suomennettuna kuuluu: "Meillä on tapana liioitella teknologian aiheuttamia muutoksia lyhyellä aikavälillä ja aliarvioida niitä pitkällä aikavälillä". Edellisiä asioita peilaten olen saanut todistaa lain pitäneen erittäin hyvin paikkaansa tietokoneiden, kännyköiden, internetin ja älypuhelinten kohdalla. Kun jokin uusi keksintö syntyy, avaa se kyseistä teknologiaa ymmärtävien silmät, koska he näkevät sen tosiasiallisen potentiaalin. Tästä hetkestä menee kuitenkin noin 10 vuotta, kun uusi teknologia jalkautuu ihmisten elämään suuremmassa mittakaavassa. Maailma ei muutu heti keksinnöstä, vaikka "hype" voikin olla hyvin suurta, kuten nyt tekoälyn kanssa. Ensimmäinen kymmenen vuotta on myös kyseenalaistamisen aikaa. Viime vuosikymmeninä olen kuullut ääneen lausutun muun muassa:

"Tietokoneet eivät tule korvaamaan paperia, kännykät eivät tule olemaan tavallisten ihmisten arkikäytössä, internet ei tule korvaamaan perinteistä tiedonhakua ja kirjepostia, ihmiset eivät ala käyttämään internetiä puhelimillaan, videoneuvottelut eivät tule korvaamaan perinteisiä kokouksia." jne. Esimerkiksi tietokoneissa, kännyköissä, internetissä ja älypuhelimissa on toiminut tarkasti kaava, jossa jalkautuminen pioneereilta koko kansalle on vienyt ensin 10 vuotta. Tämän jälkeen seuraavan kymmenen vuoden aikana teknologian alun perin kuvitellut mahdollisuudet on ensin saavutettu ja sitten ylitetty. Tältä pohjalta voisi antaa ennusteen, että tekoäly on vuoteen 2032 mennessä vahvasti ihmisten tiedossa ja sen hyötyjä sovelletaan jo työelämässä paljon. Vuoteen 2042 mennessä tekoäly on jo muuttanut keskeisiltä osin tapamme elää ja tehdä työtä verkottuneessa maailmassa.

Olen siis kyllin vanha muistaakseni analogisen ajan ja edelleen ulkomuistista lähimpien kavereideni kotien lankanumerot 1980-luvulta. Samalla olen juuri sen ikäinen, että oma digitaalinen osaamiseni ylitti vanhempien sukupolvien keskimääräisen osaamistason jo viimeistään peruskoululaisena. Vaikka Z-sukupolvesta puhutaan älypuhelinten aikana syntyneinä "diginatiiveina", ovat X- ja Y-sukupolvet todellisia digivallankäyttäjiä tämän hetken maailmassa. Nuoret ja lapset eivät keskimäärin tiedä tietokoneiden ja tietoverkkojen perustoimintaperiaatteita, eivätkä ole niistä edes kiinnostuneita. Miksi olisivatkaan? Lapsilla ja nuorilla ei myöskään ole enää henkilökohtaista kokemusta eikä sitä kautta ymmärrystä siitä, millaista elämä on ollut vain muutama siiven isku sitten ilman it-teknologiaa. Tämä tekee uusimmista sukupolvista helposti myös digivallankäytön kohteita. Näennäisesti historian uusin ja vapain sukupolvi saattaakin kantaa raskaampia digitaalisia kahleita kuin kukaan koskaan ennen heitä. Kuten sanotaan, paras tapa hallita ihmistä on se, että hän ei edes tiedä olevansa vankilassa. Mitä yhteiskunnan vanhimpiin sukupolviin tulee, käyttävät nuoremmat sukupolvet osin ymmärtämättäänkin heihin suorastaan säälimätöntä digiväkivaltaa siirtämällä kaikki palvelut vanhusten ulottumattomiin.

Digitaalista vallankumousta ei voi sivuuttaa, kun puhutaan viime vuosikymmenien nopeasta yhteiskunnallisesta muutoksesta. Vaikka laitteet itsessään ovat vain kehittämistämme elektroniikan komponenteista koottuja laitteita, on tapamme tehdä työtä, viettää vapaa-aikaa ja elää elämäämme osana verkottunutta maailmaa muuttunut muutamassa vuosikymmenessä totaalisesti. Ja muutos vain jatkuu. Verkossa emme suinkaan ole enää "vapaita tutkimusmatkailijoita", kuten koti-internetin alkuvuosina, vaan ennen kaikkea intensiivisen ja tarkoilla algoritmeilla laskelmoidun vaikuttamisen sekä jatkuvan seurannan kohde. Älylaitteiden muuttuminen markkinavoimien ja sitä kautta myös vallankäytön keskeisimmiksi instrumenteiksi, on ehkä tärkein yksittäinen elämiimme vaikuttanut tekijä viime vuosikymmenien muutoksessa. Tekoälynkin myönteinen, ja myös kielteinen, mullistavuus tulevaisuuden maailmalle on todennäköisesti sidoksissa siihen, millaisia kaupallisia hyötyjä tekoälyn turvin sallitaan tulevaisuudessa tavoitella. On selvää, että tuhannet ihmiset käyttävät tällä hetkellä kaiken aikansa tämän kilpajuoksun voittamiseen ja luulen, että mahdolliset inhimilliset seurausvaikutukset eivät tässä kisassa paljon suunnitelmia pidättele. "Tekoälyjen Googlen" keksijää odottaa satujen rikkaudet, joille ihmismieli on aina kovin altis. Yhteen sanaan typistettynä on digitaalisuudelle alistetun elämäntapamme sopan liemenä kaikkivaltias raha.

Rahantekokoneistolle lapsuus ei ole arvo, vaan potentiaalinen kuluttaja, jonka toimintaa on taloudellisesti kannattavaa pyrkiä ohjailemaan nyt ja tulevaisuudessa mahdollisimman paljon. Vain muutamia vuosikymmeniä takaperin lehdissä vielä oli mainoksia, joissa ylistettiin tupakkatuotteiden virkistävyyttä, sosiaalista statusarvoa ja jopa positiivisia terveysvaikutuksia. Mieleeni on jäänyt vanha lehden mainoskuva, jossa raskaana oleva kotiäiti kessuttelee ja kehuu samalla jotain mielestään erinomaisen makuista tuotemerkkiä. Tänä päivänä nämä mainokset herättävät meissä lähinnä huvittuneisuutta siitä, kuinka tietämättömiä tupakan terveyshaitoista olemme joskus olleet. Toinen huomionarvoinen asia on tämän voimakasta riippuvuutta ja suorastaan kuolemaa kylvävän päihteen rajaaminen lainsäädännössä. Vuoteen 1995 oli tupakan ikäraja Suomessa 16 vuotta. Ravintoloissa sisällä tupakointi kiellettiin vasta 2007. Jos en paljon arvaa vinoon, niin tullaan lasten ja nuorten digitaalisten laitteidenkin käytölle asettamaan vielä tulevaisuudessa huomattavia rajoituksia.

Älypuhelimat ovat meillä ja maailmalla keskeisiä keskustelun kärkiä, kun puhutaan lasten ja nuorten mielenterveyteen liittyvistä ongelmista. Älypuhelinten tulo markkinoille ja nuorten ongelmien lisääntyminen näyttäisivät korreloivan ajallisesti. Pelkään ratkaisujemme kuitenkin ontuvan pahasti, jos suljemme silmämme samaan aikaan tapahtuneelta muulta yhteiskunnalliselta muutokselta ja alamme mitata ainoastaan lasten ja nuorten ruutuaikaa. Näyttää siltä, että monissa maissa ja myös Suomessa ollaan piakkoin tilanteessa, jossa puhelinten käyttöä muun muassa kouluissa tullaan rajaamaan merkittävästi. Kokemuksestani uskon, että pelkästään tällä ei kuitenkaan päästä vielä kovin pitkälle. Esimerkiksi koulupäivät ovat Suomessa lyhyitä, ja jos laitteiden käyttö vapaa-ajalla jatkuu ennallaan, koko rajaamisesta tulee vain vääristynyttä antipatiaa kouluja kohtaan. Tämä saattaa luoda nykyistäkin suuremman kapinamielialan ja pahimmillaan jopa syödä ne opiskelulle kuvitellut hyödyt, joita ehdottomammalla älylaitekiellolla tavoitellaan.

Jokaisella aikuisella on edelleen mahdollisuus parilla napin painalluksella katkaista lapsensa puhelimesta internet ja valikoidut sovellukset haluamakseen ajaksi, mutta samalla on oltava valmius ja jaksamista laittaa omakin puhelin syrjään sekä tarjota tai järjestää tilalle mielekästä tekemistä. Moni aikuinen ei tähän tällä hetkellä muun muassa oman jaksamisensa takia pysty. Onkin todennäköistä, että käytännössä tarvitsemme tueksemme lainsäädäntöä, jotta nähdään, mikä puhelimilla vietetyn ajan vaikutus lasten ja nuorten nykyiseen hyvinvointiin lopulta on. Olen kuitenkin varma siitä, että älypuhelimet eivät ole sellainen sateentekijä tämän ajan ongelmien ratkaisussa kuin yleisesti ajatellaan. Älypuhelimet ja niillä vietetty aika nykyisellään ovat takuulla vahingollista kenen tahansa hyvinvoinnille, ja tässä mielessä monien ongelmiemme aiheuttaja. Samalla pitää kuitenkin muistaa, että älypuhelimet saattavat olla monelle asialle syyn sijasta myös seuraus. Yhteiskunnan emotionaalisesti tyhjäksi jättävä kasvatus- ja

38

työkulttuuri sekä vaikeasti ennustettavat tulevaisuuden näkymät ovat esimerkkejä haasteista, jotka saavat ihmisen vetäytymään psyykesuojaan omalle puhelimelleen. Kuinka moni lapsi ja nuori on puoliväkisin puhelimellaan vain siksi, koska aikuisten elämällä ei ole heille tässä ajassa muuta tarjota? Ei töihin kaiken aikansa käyttävästä tai loppuun palaneesta aikuisesta ole lapsensa tunne-elämän tukijaksi. On myös hyvä ymmärtää, että meitä aikuisia katsoessaan lapset peilaavat aina omia tulevaisuuden mahdollisuuksiaan ja näkymiään kohti aikuisuutta. Millaisia tulevaisuuden näkymiä tällä hetkellä omilla elämillämme heijastamme lapsille ja nuorille? Olemmeko hyviä, kannustavia ja tulevaisuuden uskoa luovia esimerkkejä?

Kannatan puhelinten käytön rajaamista kaikilta, mutta en siis usko sen olevan avain ihan kaikkeen. Yhteiskunnallisten tekijöiden lisäksi on syytä myös pohtia, mitä jo aivan lähitulevaisuus tuo tullessaan. Lainsäädäntötyö on aina hidasta, ja aivan uusien teknologioiden kehitys on jo pitkällä. Älypuhelimet eivät tule edes lyhyellä aikavälillä jäämään ihmiskunnan "merkittävimmäksi" digitaaliseksi innovaatioksi, vaan uutta on jo pian tulossa. Digitaaliseen kehitykseen kietoutuneella kaupallisella koneistolla on paljon valtaa, eikä se ihan hevillä luovu lapsiasiakkaisiinsa vaikuttamisesta. Jos jotain lailla kielletään, pyritään asia oitis hoitamaan toista kautta. Esimerkkinä tästä on viime aikojen keskustelu Tiktok-sovelluksen kieltämisestä. Tavallaan kannatan asiaa, mutta eikö se kumoudu avaamalla seuraavana päivänä jokin uusi vastaava sovellus? On vaikea päästä mihinkään siitä ydinongelmasta, että elämme itse yhdellä tavalla, mutta emme haluaisi lastemme elävän samalla tavalla. Tämän vuoksi meille jää lopulta pelkkä kieltäjän rooli, vaikka tiedämme, että oikeasti ihmisiä voi vaikuttavasti johtaa ja ohjata vain esimerkillä. Samaan aikaan kaikki keksimämme pinnalliset kiellot on tehty vain kierrettäviksi.

Kaiken edellisen vuoksi pidän vähän halpana ratkaisua: kielletään lapsilta ja nuorilta kännykät, vaikka samalla kannatankin niiden käytön rajaamista. Puhelinten täyskieltoa lapsilta pidän siinä mielessä populistisena, että en usko sellaisille päätöksille olevan oikeasti mitään realistista mahdollisuutta. Olemme selvästi päättäneet, että älylaitteet ovat osa ihmiskunnan tulevaisuutta ja tässä mielessä en usko, että laitteiden täyskielto lapsilta ja nuorilta edes palvelisi tulevaisuutta toivomallamme tavalla. Älylaitteet ovat niin suuri osa tapaamme elää, että lasten ja nuorten asettaminen aikuisiin verrattuna johonkin toiseen rinnakkaistodellisuuteen on utopiaa. Jos haluamme palata takaisin 1980-luvulle, sinne olisi mentävä sitten koko porukalla. Sille reissulle saattaisin jopa itse lähteä mukaan, mutta tämä ei liene mahdollista.

Kännyköitä koskeva keskustelu vertautuu nyt joiltain osin jopa vähän huumausaineisiin. Tuntuu, että ilman lainsäädäntöä tilanne ei pysy hallinnassa, mutta samalla mielessä kolkuttavat ongelmakäytön takana olevat juurisyyt ja niihin liittyvä yksilötason vaihtoehdottomuus. Lainsäädäntöäkin pitää olla, mutta oikeassa suhteessa niihin ennaltaehkäiseviin toimiin, joilla kutakin ilmiötä pyritään suitsimaan. Jokaisessa ilmiössä on aina ongelmiin ajautuneiden yksilöiden lisäksi seurannaisvaikutuksista kärsiviä ja niitä, joita ongelma ei syystä tai toisesta kosketa lainkaan.

Jos mietitään lasten ja nuorten mielenterveyteen, älypuhelimiin ja oppimiseen liittyviä haasteita, ne limittyvät ja muodostavat yhdessä niin suuren ilmiön, että se on kiistattomasti yhteiskunnallinen ongelma. Kuitenkin maailmanloppua manatessa on tärkeää myös nähdä, että älypuhelinkaan ei ole vienyt lähellekään kaikkien lasten ja nuorten elämänhallintaa mennessään. On aivan yhtä tärkeää tunnistaa ongelmat kuin oppia siitä, miksi joillekin jokin ilmiö ei tuotakaan odotettuja ongelmia. Muun muassa harrastusten tiedetään korreloivan merkittävästi lasten ja nuorten hyvinvoinnin kanssa. Varmasti osin tästä syystä Suomessakin on käynnissä koululaisten harrastamisen turvaamiseksi jopa valtiollinen ohjelma. Harrastukset ovat hyvä esimerkki asiasta, joka tuo lasten ja nuorten elämään oikeaa sosiaalista kanssakäymistä ja kilpailee puhelinajasta sekä käytännössä peittoaa sen usein alleen. Mannerheimin lastensuojeluliiton toteuttama *Nuorten mediankäytön kysely 2024* antaa viitteitä, että nuoret suhtautuvat jo yllättävänkin kriittisesti omaan internetin käyttöönsä. Ruutuajat ovat yllättäen olleet myös selkeässä laskussa viime vuosien kyselyissä. Vaikka kyseessä ei olekaan varsinainen tutkimus, on kuitenkin tärkeää seurata tätäkin ilmiötä tässä ja nyt. Lapset ja nuoret pitää aina ottaa mukaan keskusteluun heitä koskevassa päätöksenteossa ja huolehtia siitä, että isoja lasten ja nuorten elämää koskevia linjauksia ei tehdä pelkästään aikuisten yleisen keskustelun pohjalta. Maailma on muuttunut käsittämättömän paljon pelkästään vuodesta 1980, eikä tämä liike ole pysähtymässä mihinkään. Jos sementoimme vaikkapa kännyköitä koskevan keskustelun vuosikymmeneksi joidenkin teesien varaan, se on jo armotta vanhentunut ennen kuin meillä on yhtäkään lakipykälää paperilla.

Oikeus lähivanhempaan

Markkinatalous on siis yhdessä digitalisaation kanssa luonut perustukset modernille orjuudelle, jota käsittelen ihan omana kappaleenaan myöhemmin. Maailman läpikaupallistuminen ja kaiken alisteisuus markkinoille sekä rahalle on kuitenkin vain yksi puoli asiaa, koska lopulta raha on aina vain rahaa. Suurin osa elämämme ongelmista korjaantuisi teoriassa sillä, jos palaisimme kuvitelluissa tarpeissamme pari vuosikymmentä taaksepäin. Tällainen downshiftauspuhe herättää helposti vastaväitteitä, koska kulutuksesta riippuvainen järjestelmämme alkaisi rakoilla pahasti, jos ihmisten kuluttaminen romahtaisi. Tämä on juuri se rako, johon yhteisiä arvoja tarvitaan. Lienee yksilönvapautta, jos aikuinen on halukas antamaan elämänsä parhaat vuodet markkinatalouden alttarille, mutta lasten elämää ei pitäisi olla kenelläkään oikeutta pilata.

Syntyvä lapsi ei ansaitse enempää eikä vähempää kuin sen, että hän on vanhempiensa huomion ehdoton keskipiste. Väitän, että yksikään lapsi ei selviä kokonaan vahingoittumattomana siitä, jos näin ei ole. Oman ikäisteni sukupolvikokemukseen lukeutuvat varsin yleisesti esimerkiksi "etäiset isät". Kyse ei ole mistään arvovalinnasta vaan siitä, että tuolloin isät vastasivat usein ensisijaisesti perheidensä toimeentulosta ja jäivät usein lähivanhempana olleeseen äitiin verrattuna lapsille etäisemmiksi. Sukupuoliroolit ovat sittemmin hälvenneet, mutta lähivanhemmuuden merkitys lasten kasvulle ei.

Meille on myyty kuva "keskiluokkaisesta" elämästä, ja olemme sen nikottelematta ostaneet. Asuntolainapapereista käy yleensä ihan kiistattomasti ilmi, että molempien lähivanhempien täysi ja kokoaikainen työpanos tarvitaan lainan hoitoon. Siellä ei kuitenkaan kysytä, kuka toimii tällä välin perheen pienten lasten lähivanhempana, kun molemmat vanhemmat puskevat uraa asuntolainataakan alla. Pitäisi kyllä kysyä, mutta eihän se ole pankkien hommaa arvioida vapaassa maailmassa vapaiden ihmisten vapaita valintoja.

Yksinhuoltajat ovat aina olleet lähihuoltajuuden osalta hankalassa asemassa, ja nyt tilanne on lähes kaikilla huoltajilla jo sama. Osa huoltajista, kuten jo yksinhuoltajatkin aikanaan, on keksinyt keinot selvitä vaikeasta tilanteesta. On tukiverkkoja, tehdään töitä vuoroissa, löydetään aikaa lapsille, omalle palautumiselle, ihmissuhteille ja harrastuksille. Yhtä paljon kuitenkin myös paletaan loppuun, pitäydytään lasten hankkimisesta ja ihmissuhteista. Erotaan, ulkoistetaan lähivanhemmuus isovanhemmille ja kasvatustyö ulkopuolisille instituutioille. Tosi asia on, että ongelmasato kerätään kuitenkin yleensä viimeistään siinä vaiheessa, kun lapset tulevat kohti murrosikää. Ilman varhaislapsuuden lähivanhemmuuden pohjaa on moni huoltaja tuolloin lastensa kanssa aika liemessä.

Huolestuttavinta on se narratiivi, jota kuulee kuorossa veisattavan. Se on tarina, jossa taloudellinen hyvinvointi ja siihen kuuluva henkilökohtainen materia, oikeus omaan aikaan, omista töistä palautumiseen ja omiin harrastuksiin menee käytännössä aina lasten kanssa ja lasten eteen vietettävän ajan edelle. Taas

44

meille on myyty ajatus siitä, että näin kuuluu olla ja olemme sen kollektiivisesti ostaneet. Ei kuulu. Lasten tarpeet sanelevat sen, mitä aikuiselle kuuluu, eikä siinä ole yhtään mitään reilua tai yhteismitallista esimerkiksi jonkun toisen aikuisen elämän kanssa. Jonkun on laitettava sivuun oma työura, toisen omat harrastukset ja kolmannen haaveet tietynlaisesta asumisesta, kolmannen kaikki edelliset ja neljännen vielä enemmän. Lasten, tai edes sisarusten, tarpeet eivät ole yhteismitallisia. Elämässä ei aina saa, mitä tilaa, vaan myös sen, mitä vain tulee.

Kuka sanelee sen, että kaikki menee omien lastemme terveen kasvun edelle? Koska jokainen aikuinen tarvitaan kuluttamaan, markkinavoimat määräävät sen usein ihmisen puolesta. Lasten kanssa kotona olevat aikuiset eivät tienaa eivätkä kuluta tarpeeksi. Rakennelma on juonikas ja pirun toimiva. Arvelenpa, että edellä kirjoittamani rivit herättävät kiukkua ja loukkaantumisia laajastikin. Nämä molemmat ovatkin erinomaisen tärkeitä mekanismeja siinä tarinassa, jolla rahan valtaa yli lasten hyvinvoinnin suojellaan. Yksi silmänkääntötemppu on aikuisen yksilön vapauden ylikorostaminen. Lapsensa omien mielihalujensa vuoksi laiminlyövä aikuinenhan on oikeastaan vain itsekäs, mutta olemme nostaneet yhteiskunnassa aikuisen oikeuden yksilöllisiin valintoihin niin korkealle, että se on kollektiivisen loukkaantumisen uhalla suojeltu. Loukkaantumisen motiivina ei useinkaan ole oma kunnia, vaan omien syyllisyyden tunteiden välitön tukahduttaminen muiden samanmielisten äänekkäällä tuella: "Meille ei tarvitse kenenkään "humanistitollon" tulla kertomaan, miten töitä tehdään ja lapset kasvatetaan. Minä päätän, miten lapseni kasvatan ja minun lapseni kyllä itkevät mieluummin Mersun kuin Ladan takapenkillä". Toki sitten haukutaan julkinen koulutus ja terveydenhuolto, kun he eivät maksetuista veroista huolimatta otakaan lähivanhemman roolia hoitaakseen. Harvoja poikkeuksia lukuun ottamatta lapsen terveeseen kasvuun tarvitaan aina lähivanhempi. Luonnonlait ovat sitten inhottavia. Kenelle täällä pitäisi maksaa, että niistäkin päästäisiin eroon?

Nuoriso on jo ymmärtänyt ajan hengen, ristiriidan ja mahdottomuuden. He nimittäin kieltäytyvät lisääntymästä. Tämä tarkoittaa sitä, että arvot eivät ole vielä muuttuneet, mutta ymmärrys siitä, että kaikkea ei voi saada, on jo lisääntynyt. Nyt kuuluu siis valita lapsettomuus ja individualistinen elämäntapa yli perheen ja yhteisöllisyyden. Tähän voisi joku "humanistitollo" sanoa, että vaikka tällainen järjestely on kaikkina aikoina aina jollekin ihmiselle se paras vaihtoehto, se tulee nykymittakaavassa johtamaan tämän vuosisadan suurimpaan tragediaan. Moni on kantapään kautta oppiva sen, että ihmisen kokema onni, elämän merkityksellisyys ja henkilökohtainen ihmisenä kasvu syntyy keskimäärin enemmän toisten

46

ihmisten edestä luopumisen kuin yksilöllisyyttä korostavien päämäärien kautta. Lyhyesti sanottuna onnettomista nuorista kasvaa vallalla olevassa arvomaailmassa keskimäärin kaikkien aikojen onnettomimpia aikuisia. Omilla valinnoilla voi moni pelastua, mutta kuten yleensä elämässä, muutos on pitkä prosessi kieltämisestä ja vastarinnasta henkilökohtaisiin havaintoihin, kokemuksiin ja lopulta reflektioon. Ihminen on lajina älykäs, mutta pirun jääräpäinen.

Lyhyt biografia

Elämän muokkaama

Ennen kuin pohditaan enemmän tässä ajassa luomaamme modernia orjuutta ja suomalaisen peruskoulun verrattain hyviä tulevaisuuden mahdollisuuksia, kerron myös lyhyesti jotain itsestäni kahdesta eri syystä. Ensinnäkin käytän omaa elämääni parhaiten tuntemanani esimerkkinä konkretisoimaan jokaisen yksilönkin kasvun ja oppimisen taustalla olevia tekijöitä. Toiseksi haluan avata hieman lisää sitä, miksi elettyyn elämääni peilaten koen juuri nyt tarpeelliseksi kritisoida tapaamme elää.

Ihmisinä olemme kaikki oman aikakautemme, läheistemme, kiintymyssuhteidemme, kasvatuksemme, yhteiskuntamme ja elämänkokemustemme muokkaamia. Omassa elämässäni on ollut monta tekijää, joiden kuvittelen vaikuttaneen positiivisesti siihen, että voin mennä nyt viisastelemaan jotain niin kasvatuksesta, opetuksesta kuin peruskoulustakin. Mielestäni on tärkeätä tiedostaa, että oikeasti "kuvittelen". Sillä kuten kaikista elämänkerroistakin sanotaan, itsekirjoitetulla ja toisen kirjoittamalla elämänkerralla on usein yhteistä ainoastaan se, että kumpikaan ei ole totta.

Oletetaan, että introverttius ja hämäläisyys ovat olleet omalla matkallani hyvin tärkeitä tekijöitä.

Pidän ajatuksesta, että edelliset ovat mahdollisesti tehneet minusta lapsena ja peruskoululaisena luontaisen tarkkailijan roolin kautta hyvän ihmistuntijan ja varustaneet minut samalla ihmistyössä tarpeellisilla tuntosarvilla. Uskon, että nuo samat ominaisuudet ovat myös kompensoineet ja kehittäneet muita itseilmaisuni tapoja, eli keinoja tulla nähdyksi. Näitä ovat olleet ainakin piirtäminen, rakentaminen, kirjoittaminen, teatteri ja lopulta introvertille vähän ironisestikin: puhuminen.

Ei ole lainkaan yhdentekevää, millaisen kasvuympäristön luomme lapsille kotona, kerhoissa, harrastuksissa varhaiskasvatuksessa ja kouluissa. Esimerkiksi introverteille lapsille on usein vielä keskimääräistäkin tärkeämpää sosiaalinen turvallisuus, jotta voisi kasvaa ja tulla nähdyksi omana itsenään suurissakin ihmisjoukoissa. Mitä mahdollisuuksia tämän päivän peruskoululla on tukea tai kunnioittaa hiljaisten oppilaidensa oikeutta omaan persoonaansa? Minulle nykytilanne näyttäytyy siten, että puhumme tällä hetkellä lähes yksinomaan haastavalla tavalla ulospäinsuuntautuneiden oppilaiden huomioimisesta ja oikeudesta erilaisiin tukitoimiin koulupäivien aikana. Tämä on tietenkin täysin luonnollista, koska he haastavat paljon konkreettisemmin ja näkyvämmin ryhmäopetukseen perustuvaa kouluarkeamme.

Kuten jo aiemmin totesin, oppilaiden keskimääräiset kouluvalmiudet näyttävät laskevan tällä hetkellä, ja siitä aiheutuu myös lukuisia seurannaisvaikutuksia. Yksi tukea tarvitseva lapsi saattaakin välillisesti tuottaa työrauhan ja opettajien huomion rajautumisen kautta lisää tukea tarvitsevia lapsia ympärilleen. Lapsia tilanteesta ei tietenkään voida syyttää, mutta on inhimillinen raja sille, minkälaisen kokonaismäärän haasteita voimme vanhempina kouluille tuottaa. Kuvaannollisesti maito onkin jo vähän läikkynyt pöydälle, emmekä tule kouluissa saamaan tilannetta yksin haltuun. Niiden vanhempien, joilla on mahdollisuus, tulisi nostaa myös käytännössä lapset omien elämiensä ajankäytön kärkipaikalle. Aina tulee olemaan joukko lapsia, jotka tarvitsevat syystä tai toisesta kouluissa lisätukea, ja heidän olisi myös sitä saatava. Nykyinen haasteiden esiintyvyys on kuitenkin kaikilta pois. Valehtelisin, jos väittäisin pitäväni ratkaisujen näkökulmasta yhtään uskottavina esimerkiksi nykyisiä tuen järjestämiseen liittyviä lakimuutoksia. Elintärkeitä asioita hädän hetkellä tietysti kaikki, mutta tässä tuen tarpeen kasvussa vastaan tulevat taloudelliset realiteetit jo kauan ennen ratkaisuja.

Näyttääkin siltä, että pyrimme ratkaisemaan ongelmaa keinolla millä hyvänsä ympäröivistä realiteeteista piittaamatta. On mielestäni ylipäätään typerää yrittää ratkaista laskevia kouluvalmiuksia pelkästään rahalla. Tai uskotella kenellekään, että ydinkysymys olisi enää rahoituksen puute, joka korjaamalla tilanne ratkeaisi. Varhaislapsuudessa rikki mennyt lapsi ei korjaannu millään rahalla ja jatkamme laskukäyrällä juuri niin kauan, kunnes muutamme aikuisten tuottaman lapsuuden edellytyksiä kasvulle suotuisammiksi. Jokainen lapsiin sijoitettu euro maksaa kyllä itsensä takaisin, mutta tervettä lapsuutta emme enää pysty ostamaan jälkikäteen.

Pienenä lapsena olin itse hyvin hiljainen, mutta puhuin toki ääneti, kuten monet introvertit tekevät. Kyse on ehkäpä sellaisesta normaalia suuremmasta harkitsevuudesta eli siitä, mitä minusta ajateltaisiin, jos sanoisin ajatukseni ääneen. Muistan vielä hyvin sen hetken, kun sain suuni ensimmäisen kerran auki oman mukavuusalueeni ulkopuolella. Toisella luokalla meillä oli yökoulu, joka on tietysti jännittävä tapahtuma kenelle tahansa 8-vuotiaalle. Olin ahdistunut ja tarvitsin turvaa. Oli pakko saada oma suu avatuksi. Muistan kysyneeni pitkän harkinnan jälkeen toiselta oppilaalta, että mihin laittaisimme omat retkipatjamme. Tämä tarkkaan harkittu ulostulo sisälsi samalla ajatuksen siitä, että voisiko tuo oppilas olla minun kanssani, kaverini ja turvani. Näin tapahtui. Tämä oli merkittävä käänne. Jos ykkösellä opettaja vielä viestitti reissuvihossani kotiin lähes mutismin tasoisesta hiljaisuudestani, tuli kakkosen reissuvihkoon jo lopulta mainintoja liiallisesta juttelusta kavereiden kanssa joillain oppitunneilla. Olin itse tästä käänteestä salaa kovin ylpeä. Puheesta oli tullut oma selviytymiskeinoni sosiaalisissa suhteissa. En ollut yhtään urheilullinen, mikä tuntui ainakin tuolloin mielestäni olleen poikien maailmassa todella tärkeää. Löysin oman tapani päästä haluamiini porukoihin tarkkailemalla, puhumalla, kuuntelemalla ja kertomalla juttuja. Ylilyöntejäkin toki tuli. Vaikka hauskuutti muita, oli tärkeää myös oppia puhumaan aina totta, ja joskus erilaisten ihmisten liiallinen huomion kalastelu vei tietysti mennessään vääriinkin paikkoihin.

Erityisten oppimistilanteiden järjestäminen peruskoulussa on omien havaintojeni mukaan tässä ajassa vähentynyt merkittävästi. Miksi opettajat eivät ole enää halukkaita järjestämään yhteistyössä huoltajien kanssa esimerkiksi yö- ja leirikouluja? Syynä lienevät osittain niin oppilaiden kasvatukselliset haasteet kuin aikuisten jaksaminen. Ne oireilevat muun muassa monenlaisena toisten kunnioituksen puutteena ja haluttomuutena yhteistyöhön, muiden ihmisten huomiointiin sekä kompromissien tekemiseen. En sano, että esimerkiksi yökoulut pelastaisivat ketään, mutta tämä on taas vain yksi menetetty mahdollisuus tässä ajassa.

Sattumalta lapsuuteni asuinalueelle valmistui uusi koulu juuri sinä syksynä, kun aloitin kouluni. Koulurakennus oli uusi ja aikansa kouluksi moderni monitoimitalo. Vanha sanonta siitä, että oma koulu on jokaisen asuinalueen sydän, pitää mielestäni edelleen hyvin paikkansa. Tässä ajassa tulemme väistämättä ajautumaan talouden ohjaamana yhä suurempiin ja vaikeammin johdettaviin kouluyksiköihin. Inhimilliset tappiot ovat ilmeisiä, mutta tästä en viitsi edes aloittaa omaa vuodatustani aikana, jossa ylipäätään toimivien koulujen säilyttäminen näyttää taloudellisesti todella haasteelliselta. Toivottavasti näen kuitenkin elämäni aikana vielä Suomessa niin vauraan ajan, että pystymme perustamaan ja säilyttämään kouluja muistakin kuin välittömistä taloudellisista syistä.

Alakouluni rehtori oli nuori ja uudistushenkinen, ja oma luokanopettajani samalla tavalla nuori ja innostunut uudenlaisen koulun tekemisestä. Kouluni oli mukana muun muassa Opetushallituksen Akvaariokoulu-hankkeessa, jossa mukana olleet koulut saivat käsitykseni mukaan jonkin verran vapauksia opetuksen suunnitteluun ja toteuttamiseen. Oli liukuvaa työaikaa, sanalliset todistukset, projektityöskentelyä ja paljon tiedonhankintaa yksin, pareina ja ryhmissä. Oli tutkimuksen ja kirjan tekemistä, vuosiluokkiin sitomatonta opetusta ja viestintäkokeilua sekä -kasvatusta. Teimme koulun omaa sisäistä lehteä, tv-uutislähetyksiä, haastatteluita ja kuvausmatkoja sekä kuvasimme videokameroilla erilaisia projekteja. Tutustuimme alkeelliseen internetiin aikana, kun se ei vielä ollut tullut edes koteihin ja käytimme tietokoneita opiskelussa aikana, jolloin koneita ei pääsääntöisesti vielä kouluissa edes ollut.

Vuoden 2014 opetussuunnitelman perusteita lukiessa voi todella sanoa, että alakouluni oli jopa 30 vuotta aikaansa edellä. Tavoitteet tuntuivat myös toimivan tuolloin paljon paremmin kuin nykyhetkessä. Jälkeenpäin aikuisena ja opettajana arvioiden, oma alakouluni sisälsi paljon Freinet-pedagogiikan aineksia. Lapsena asia näyttäytyi minulle muun muassa siten, että saimme oppilaina paljon luottoa ja vastuuta. Tästä jäi itselleni myös tunne, että meidän asiamme oli koulun aikuisille aina aidosti tärkeä. Lisäksi koulun aikuiset tuntuivat todella nauttivan työstään ja näyttivät suhtautuvan siihen sellaisella intohimolla, että työtunteja tuskin tuolloin paljon laskettiin.

Opettajista välittyneen innostuksen merkitystä oppimiselle ei ole syytä väheksyä. Aina oli retki, leirikoulu tai vastaavaa meneillään. Monessakin mielessä olemme tällä hetkellä Suomen peruskouluissa keskimäärin aika kaukana vastaavasta hetkestä, jolloin merkittävä myönteinen kehitys on todennäköistä. Kyse on itsestään selvistä perusasioista. Jos opettaja pitää työstään ja hänellä on kohtuulliset mahdollisuudet onnistua sekä nauttia siitä, syntyy myönteisen kehityksen kierre. Käytännössä tämä tarkoittaa motivoivampaa opetusta, sosiaalista turvallisuutta luokkahuoneissa, lasten monipuolista ja tasapuolista huomiointia sekä aidosti mahdollisimman yhdenvertaisia mahdollisuuksia kaikille lapsille. Kun epäonnistumme turvaamaan opettajien työn, menetämme pahimmillaan kaiken edellä mainitun.

Yhteiskunnallisessa keskustelussa sivuutetaan ihmeellisen usein tämä opettajien ja oppilaiden hyvinvoinnin ilmiselvä riippuvuus. Turhautuneen, uupuneen ja asiattoman arvostelun kohteeksi joutuneen opettajan jaksaminen käy helposti vähiin työssä, joka jo muutenkin nojaa vahvasti opettajan omaan persoonaan. Kaikkina aikoina ja kaikissa ammattikunnissa voi olla tekijöitä, jotka eivät ole täysin tehtäviensä tasalla ja rakentava kritiikkikin on osattava ottaa aina oikealla tavalla vastaan. Jokainen ihminen, myös opettaja, tekee joskus virheitä työssään ja ansaitsee reilun mahdollisuuden korjata erehdyksensä. On kuitenkin aika huomattava asia, että en oikeasti tiedä yhtään ainoata opettajaa tai rehtoria, joka ei olisi työssään joutunut myös täysin asiattoman arvostelun kohteeksi. Käytännössä tämä tarkoittaa, että joku aikuinen on arvioinut lähes jokaisen opettajan epäreilusti kelvottomaksi ammatissaan. Käytännössä asia ei voi valtaosin pitää edes paikkaansa. Perinteinen sokeapiste on siinä, että koulussa esille tulevat oppilaiden haasteet ovat huomattavasti moniulotteisempia ja monimutkaisempia kuin toisten oppilaiden huoltajat voivat tietää. Opettajat eivät aina pysty hälventämään riittävästi huoltajien epäilyksiä ja huolia kouluarjesta, koska sen uskottava läpivalaiseminen edellyttäisi toisten lasten ja huoltajien asioiden avaamista tavalla, jota ei voi laillisesti tehdä. Kun haasteet ovat tosiasiassa suurempia kuin huoltaja voi edes pitää uskottavana, saatetaan haasteille alkaa antaa omia ja kuviteltuja selityksiä. Pahimmillaan menetetään kodin ja koulun välinen luottamus, vaikka kukaan ei olisi edes tehnyt mitään väärin tai jättänyt mitään tekemättä. Meneillään oleva lapsuuden kriisi saattaa siis tuottaa tuntuvia seurauksia myös sellaisille aikuisille, jotka eivät itse ole varsinaisten ongelmien ytimessä.

Opettajien täydennyskoulutus kohdentuu tällä hetkellä etenkin lasten käyttäytymistä ja oppimista koskevien haasteiden oikeanlaiseen kohtaamiseen, ymmärtämiseen ja kuntouttamiseen. Tämä koetaan yleisesti varsin tarpeelliseksi ja järkeväksi. Samalla tosiasia on, että monikaan opettaja ei enää pysty ajattelemaan: "Huomenna vietämme lasten kanssa mahtavan päivän Kansallismuseossa.".

Mukaan kun hiipii myös perusteltu huoli: "Mitenhän selviämme huomisesta retkestä niin, että mitään ikävää ei tapahtuisi?". Samalla kun opetusryhmät muuttuvat yhä haastavammiksi, opettajat ja rehtorit on peloteltu erilaisilla vastuukysymyksillä puolikuoliaaksi. Haluamme tietysti olla ehdottomia vaatimuksissamme lasten tuesta ja turvallisuudesta koulussa, mutta harva koulun ulkopuolinen aikuinen ymmärtää, millaiset reunaehdot se asettaa lastemme koulupäiville. Koska haasteita on paljon ja taloudellinen tilanne on tämä, se tarkoittaa kansankielellä sitä, että kaikki kiva on varmuuden vuoksi kiellettävä ja loput jätettävä tekemättä. Uskallan väittää, että suuri osa virassa olevista opettajista ei ole opiskellut halutakseen työskennellä siinä todellisuudessa, jossa he kuitenkin tällä hetkellä yhä useammin työtänsä tekevät. Henkisesti on raskasta ja työniloa sekä opetuksen laatua nakertavaa, jos on koko ajan pakotettu olemaan varuillaan. Näin syntyy koulutyöhön niin sanottu itseään toteuttava kielteisen kehityksen kierre, jossa etujen tapaan myös oppilaiden ja opettajien haasteet ovat aina yhtä.

Opettajana olen ymmärtänyt ja hyväksynyt sen tosiasian, että en pysty tässä ajassa saavuttamaan, enkä monilta osin edes tavoittelemaan, oman alakouluni veroista koko koulunkäynnin leikkaavaa oppilaslähtöisyyttä ja yhteisöllisyyttä.

Tällöin lapsi on koko koulun keskeisin toimija, eikä vain opetustyön kohde.

Minulle jäi alakoulusta oppilaana vahva kokemus siitä, että vastuu kaikkien koulutehtävien valmistumisesta oli viime kädessä aina minulla itselläni. Ei yhdelläkään aikuisella kotona tai koulussa. En tiedä, oliko tämä kuviteltu vai todellinen vapaus syynä myös siihen, että minusta tuli niin sanottu viimeisen illan tekijä. Tässä voi yhtä hyvin olla kyse myös omasta persoonastani. Vapaudessakin voi siis aina olla vaaransa.

Kun pohdin tällä hetkellä enemmän peruskouluissa vallalla olevaa läpi kantamisen kulttuuria, niin koen, että se luo lasten ja nuorten kehitykselle ainoastaan riskejä. Kuljemme kouluissa kieltämisen ja rajaamisen jäljelle jättämää kapeaa kujaa, jolla työnnämme oppilaitamme väkipakolla eteenpäin. Tämän asetelman suurin ongelma on, että se ei tarjoa juuri lainkaan mahdollisuuksia oppilaiden henkilökohtaiseen ja luonnolliseen kasvuun. Ymmärrän, että samaan aikaan, kun oppilailla on nyt lukuisia muitakin haasteita, tuntuu vastuuttamiseen liittyvän askeleen ottaminen liian pelottavalta. Mielestäni nykymalli ei kuitenkaan toimi. Liika vapaus voi johtaa tulkintaan aikuisten välipitämättömyydestä, mutta liika hyysääminen tuo puolestaan vahvan viestin siitä, että lapseen tai nuoreen ja tämän kykyihin ei lähtökohtaisesti edes luoteta.

Alakouluni työtapojen ansiosta luulen, että itsenäiseen tiedonhankintaan ja -jäsentämiseen liittyvät taitoni olivat alakoulun päättyessä ikäisekseni melko korkealla tasolla. Uskon, että tällä asialla on myös ollut myöhemmin vaikutusta opiskeluuni aina yliopistossa asti. Itselleni helpotus oli se, että monia asioita suoritettiin tekemällä projektitöitä ja luomalla omaa pohdintaa esseinä. Perinteinen yliopisto-opiskelijan kompastuskivi, gradu, oli sekin itselleni suhteellisen vaivaton osa opiskelua.

Alakoulu on siis ollut monella tavalla myönteinen vaikuttaja myös omaan myöhempään elämääni. En kuitenkaan missään nimessä ajatellut vielä koululaisena, että tulisin jonain päivänä olemaan itsekin opettaja. Suoraan sanottuna minulla ei ollut mitään ajatusta, eikä toisaalta paineitakaan omasta ammatistani, ennen kuin täytin 20 vuotta. Tänä päivänä tuntuu, että pitkälle suunnattuja ammatillisia valintoja vaaditaan nuorten tehtäväksi jo paljon ennen kuin olemme edes valmiita tuollaisten päätösten tekemiseen.

Alakouluani seurasi varsin perinteinen yläkoulu. Suorat rivit ja opettajajohtoiset tunnit. Läksyn tarkistus, tehtäviä, parit pistarit ja koe. Muun muassa projektiluontoista työskentelyä oli tuohon aikaan vielä todella vähän. Selkeää ja sinällään hyvin toteutettua opetusta, johon itselläni oli kuitenkin vaikeuksia motivoitua, koska olin alakoulussani tottunut osoittamaan osaamistani enemmän luomalla ja tuottamalla kuin toistamalla. Tulkitsin vahvasti opettajajohtoiseksi muuttuneen tilanteen siten, että vetäydyin oppitunneilla omiin ajatuksiini ja luin välillä kotona kokeisiin vähän viimeisenä iltana. Löysin myöhemmin aikuisena esimerkiksi seitsemännen luokan englannin työkirjani ja totesin sen yllätyksekseni olevan käytännössä tyhjä. Läksyjen teon merkitys perinteisemmässä, tai pitäisikö sanoa pinnallisemmassa tavassa käydä koulua, ei ollut vielä tuolloin oikein kirkastunut minulle.

Opettajana minulla on ollut mahdollisuus jälkikäteen arvioida alakouluni merkitystä hieman laajemmalla perspektiivillä. Minulle alakoulu oli tunnetasolla niin positiivinen kokemus, että uskon sen olleen jopa pääsyy sille, miksi minusta lopulta tuli itsestänikin opettaja. Uskallankin väittää, että jopa koulu, jossa opettaja opettaa ja oppilas osallistuu tunneille tarkasti koululle asetettujen ennakko-odotusten mukaisesti, voi silti samalla olla myös koulua, joka valuu oppimisen ja kasvun näkökulmasta merkittäviltä osin hukkaan. Todelliset oppimisen ja kasvun edellytykset syntyvät paljolti tunnetasolla. Se edellyttää, että sekä opettaja että oppilaat ovat oikealla tavalla virittyneitä vuorovaikutukseen ja opiskeltavaan asiaan. Ne alakoulun ikätoverini, jotka tiedän, ovat kyllä myös pärjänneet elämässään oikein hyvin. Mutta osa on myös kritisoinut sitä, että yläkoulu meni numeroiden valossa penkin alle, koska ei ollut alakoulussa oppinut käymään perinteistä koulua. Itse ajattelen, että kaikki alakoulussa karttuneet taidot eivät vain realisoituneet numeroiksi toisenlaisessa järjestelmässä. Kuten aika on kuitenkin osoittanut, ei koulua käydä koulua itseään vaan elämää varten. Taidot kiilaavat lopulta pelkän ulkoluvun edelle.

Kävin yli 30 vuotta sitten siis alakoulua, jonka opetusmetodit olivat kokonaisuudessaan huomattavasti modernimmat kuin nyt julkisessa keskustelussa tikunnokkaan nostetut nykykoulujen modernit opetusmetodit. Tällä hetkellä puhutaan jopa siitä, kuinka tosiasiassa kouluissa suhteellisen vähäisessä käytössä olleet avoimet oppimisympäristöt ja itseohjautuvat työskentelytavat olisivat pääsyyllisiä suomalaisnuorten oppimistulosten valtakunnalliseen romahdukseen. Jos tämä olisi todella totta, olisi esimerkiksi minun ja satojen alakoulun koulukavereideni pitänyt päätyä katuojaan jo vuosikymmeniä sitten. Kävi toisin ja meistä tuli Pisa-tutkimusten perusteella oppimistuloksiltaan kaikkien aikojen menestynein sukupolvi. Tässä kohtaa provosoin ja vedän aivan tahallani kotiinpäin. Toistan: kyse ei laajemmassa kuvassa ole yksin koulun opetusmetodeista, oppilaiden haasteista tai vanhempien kasvatuksesta, vaan yhteiskunnallisesta ajasta, joka luo reunaehdot kaikille edellisille.

Opetustavat ovat nykykoulussa pääosin hyvin opettajajohtoisia, koska oppilaiden haasteiden määrällinen kasvu ja opettajien korkeat vastuut eivät anna paljon muulle mahdollisuutta. Oma sukupolveni saavutti aikanaan varsin tasaista ja erinomaista Pisa-menestystä koulujen merkittävistäkin pedagogisista eroista huolimatta, ja juuri tästä meidän pitäisi olla nyt erityisen kiinnostuneita. Lapsina ja nuorina emme totisesti olleet yhtään sen fiksumpia tai lahjakkaampia kuin nykylapset tai -nuoret. Mikä on siis se yhteinen tekijä, joka turvasi lasten tiedollisen oppimisen keskimääräisesti erinomaisen laadun 30–40 vuotta sitten ja avasi samalla mahdollisuudet yhä korkeampien taitojen tavoittelulle?

Syyllisiä ja syyttömiäkin etsiessä helposti toki myös liioittelemme aina mennyttä todellisuutta suuntaan tai toiseen. Monilta osin omassa alakoulussanikin tehtiin myös ihan perinteisiä asioita. Opeteltiin ulkoa kertotauluja ja väännettiin kaunokirjoitusta. Se, että nykykoululaiset tekevät puolestaan joskus vähän itsenäisiä projektitöitä luokkahuoneen ulkopuolella, on kyllä mielestäni todella kaukana oppimistulosten romahtamisen juurisyistä. Näen asian niin, että muutama vuosikymmen takaperin meillä oli suomalaisessa peruskoulussa tiedollinen oppiminen erinomaisesti hallussa. Osa kouluista lähti tämän varassa myös rohkeasti tavoittelemaan monipuolisempia oppimisen taitoja ja saavutti siinä menestystä. Nyt olemme tulleet tilanteeseen, että osaamme jo arvostaa sekä tietoja että taitoja ja näemme niiden molempien arvon, mutta lapsemme eivät enää saavuta kumpiakaan samalla laajuudella kuin menneinä vuosikymmeninä.

On sanonta, että turvallisin paikka piilottaa kouluun satasen seteli, on laittaa se opetussuunnitelman väliin opettajanhuoneen kirjahyllyyn. Vaikka nykyistäkin opetussuunnitelmaa on monilta kohdin kritisoitu, kaikki suunnitelmat ovat lopulta alisteisia opetusta koskeville olosuhteille, mistä tuo setelin piilottamiseenkin liittyvä vitsi ehkä pohjimmiltaan kertoo. Opettajat kyllä tuntevat suunnitelmat, mutta oppilaiden edellytykset osallistua opetukseen ja siihen suunnatut resurssit ratkaisevat poikkeuksetta sen, miten kouluissa lopulta opiskellaan. Tässä kohtaa on tärkeää kiinnittää huomiota myös suomalaisten opettajien ammattitaitoon. Olen tavannut elämässäni satoja opettajia, mutta en ainoatakaan koulutettua ammattilaista, joka olisi opetussuunnitelman tähden tehnyt suunnitelmallisesti ja pitkäkestoisesti oppilaidensa oppimisen tai kasvun kannalta vahingollisia valintoja. Jos yhteiskunnallinen kehitys ei suo edellytyksiä opetussuunnitelman ideaalien toteuttamiselle, niin silloin ne jäävät toteuttamatta.

Jos ja kun esimerkiksi avoimet oppimisympäristöt herättävät parranpärinää nyt vielä yli 30 vuotta myöhemminkin, niin ne herättivät sitä takuulla myös 1980- ja 1990-lukujen taitteessakin. Olimme omassa alakoulussani joiltain osin melko kaukana siitä, mitä monet aikuiset pitivät tuolloin "kunnollisena koulunkäyntinä". Uskon, että lähimpien aikuisten tuottama positiivinen tai negatiivinen puhe onkin vaikuttanut monien kanssani koulua käyneiden oppilaiden henkilökohtaiseen kokemukseen tuosta ajasta. Meillä kotona ei kyseenalaistettu käymääni alakoulua sanallakaan, jota pidän avarakatseisuutena toisen maailmansodan aikana syntyneiltä vanhemmiltani. Tästä olen myös kiitollinen, sillä olen saanut täysin itse omien aistieni varassa muodostaa kuvani asioista. Oli aika mikä tahansa, olisi meidän aikuisten hyvä aina muistaa, millaista puhetta tuotamme kouluista. Se vaikuttaa merkittävästi siihen, miten lapsemme kouluissa lopulta toimivat.

Tiedot ja taidot ovat tärkeitä, mutta ettei tärkein unohtuisi: mitä on kasvu ihmisenä? Vaikka ihmisenä kasvaminen on elämän pituinen matka, joka ei tule kouluaikana valmiiksi, ei ole lainkaan yhdentekevää, miten koulu tätä kasvua tukee. Se on lopulta koulunkin tärkein tehtävä. Psyykkistä kasvua ei kuitenkaan pysty vauhdittamaan ihan samalla tavalla kuin muuta oppimista, vaikka ne monesti käsi kädessä kulkevatkin. Tähän ei omaa aikakauttamme heijastavan peruskoulun kärsivällisyys tunnu riittävän ja se on ongelma, jonka joudumme ennemmin tai myöhemmin myöntämään.

Itselläni ei ollut mitään ajatuksia tulevasta ammatista peruskoulun jälkeen ja tuntuu aivan hullulta, että olisi voinut edes olla. Kyllä me olimme jätkäporukassa vielä lukiolaisinakin ihan lapsia. On vähän hirvittänytkin katsella, miten omilta lapsilta oletetaan jo suuria linjanvetoja samassa iässä, vaikka tyttöinä he toivottavasti ovatkin ehkä vähän kypsempiä. Lähdin peruskoulun jälkeen lukioon alle kasin keskiarvolla. Lukio oli monella tapaa peruskoulun jatketta, mutta yllätyksekseni pidin siitä paljon, tai sanotaanko, riittävästi. Yläkoululaisille luontaisen egoilun hiipuminen ympäriltä ja ainakin näennäisesti oman päätösvallan palaaminen opiskeluun nostivat motivaatiota selvästi. Aloin ensimmäistä kertaa elämässäni tehdä läksyjä ja saatoin kerrata kokeisiinkin edellisinä päivinä jopa muutaman tunnin. Jälkikäteen tietysti huvittaa nuo tuolloin ahkeraksi katsomani panostukset koulunkäyntiin. Keskiarvo joka tapauksessa nousi, ja kirjoituksetkin menivät työmäärään nähden hyvin.

Vapauden lisäksi opiskelun henkinen asetelma oli lukiossa taas sama kuin alakoulussa. Opiskelijat ja opettajat olivat ikään kuin samalla puolella. Vapaus ja luottamus ovatkin ikään katsomatta ihmiselle tärkeitä arvoja. Peruskoulua koskevista keskusteluista merkittävä osa pohjaa tällä hetkellä kuitenkin erilaisen pakon määrätietoiseen kasvattamiseen ja oppilaiden tiukempaan kontrollointiin. Ymmärrän tämän hyvin, kun esimerkiksi oppilaiden poissaolot opetuksesta alkavat olla käsittämättömissä lukemissa. Kun ruuvin kiristämisestä huolimatta tilanne ei näytä taittuvan, en voi välttyä ajatukselta, että hoidammekohan kouluissa nyt tämänkin ongelman juurisyytä. Vai sittenkin vain seurauksia?

Olin lukioikäisenä hyvä tietokoneiden kanssa, joten edelleen vailla ammatillisia tahtotiloja hain ja pääsin heti lukion jälkeen opiskelemaan tietotekniikkaa. En koskaan ottanut tuota opiskelupaikkaa vastaan, koska se ei ammattina puhutellut millään tavalla. Armeijan jälkeen hain uudelleen parille linjalle, mutta keskiverto yo-todistuksella ei päässytkään juuri tuona vuonna enää hakemiini kouluihin edes pääsykokeeseen. Tämä oli varmasti tarpeellinen pysäytys. Ensimmäistä kertaa elämässä täytyi oikeasti pohtia, mitä haluaisi isona tehdä, millaiset ovat vahvuuteni ja missä ammatissa niistä voisi olla hyötyä. Ehkä juuri ne myönteiset alakoulumuistot nostivat jälkikäteenkin arvioiden yllättävän kirkkaan ajatuksen siitä, että minusta tulisi luokanopettaja. Viikossa hain työpaikan alakoulusta, ilmoittauduin avoimeen yliopistoon opiskelemaan kasvatustieteen perusopintoja ja seuraavan kevään ylioppilaskirjoituksiin korottamaan yhtä arvosanaa.

Kiehtova polku kaiken kaikkiaan. Kuinkahan monta tällaista hyvää tarinaa menetämmekään, jos koulu muuttuu lapsille ja nuorille keskimäärin vain välttämättömäksi pahaksi ja epämieluisaksi muistoksi, jossa ylikorostuvat lasten ja aikuisten elämien epätasapainon tuottamat ristiriidat.

Ennen omaa luokanopettajaksi opiskeluani olin vielä yhden lukuvuoden töissä koulunkäynninohjaajana peruskoulun erityisluokilla. Tästä oli kokemuksena korvaamattoman paljon hyötyä siinä, miten hahmotin koulutodellisuutta opintojeni aikana. Samalla työkokemus vahvisti sen, että luokanopettaja oli todella se ammatti, jonka halusin opiskella. Tämän jälkeen edessä olivat vielä pääsykokeet. Ensimmäistä kertaa luin useita viikkoja aamusta iltaan. Ottaen huomioon, että pääsykoekirjoja oli muistaakseni vain kaksi, on pakko myöntää, että lukutekniikka ei vielä tuolloinkaan tainnut olla ihan priimaa. Vähän reilu vuosi ajatuksen syttymisestä ja pääsin kuitenkin opiskelemaan luokanopettajaksi. Olin opiskelijana motivoitunut ja ensimmäistä kertaa sellainen kiitettävien arvosanojen oppilas. Moni opiskelukaverini varmasti vaatimattomuuttaan vähättelisi tätäkin asiaa, mutta olen ikuisesti sitä mieltä, että opettajankoulutuslaitoksen parasta antia oli saada opiskella tasavertaisesti

67

monipuolisesti huippulahjakkaiden persoonien kanssa. Heidän rinnallaan olisi voinut helpostikin tuntea itsensä melko lahjattomaksi. Osa tuon porukan erinomaisuutta oli kuitenkin juuri siinä, että he eivät aidosti pitäneetkään itseään mitenkään erityisinä. Paljon on kuitenkin menetetty siinä vaiheessa, jos opettajankoulutuslaitosten käytävät eivät enää täyty luovilla, lahjakkailla ja "vapaasti kasvaneilla" persoonilla vaan ulkolukukilpailuissa prässätyillä suorittajilla. On myös ihan aiheellinen ja tärkeäkin kysymys, että millaisia opettajia tämä aika tulee tulevaisuudessa tuottamaan ja mikä on opettajan ammatin vetovoima?

Onnellisten sattumien kautta minulle oli siis kertynyt jo opettajaksi valmistuessani suhteellisen monipuolista kokemusta koulumaailmasta. Koululaisena olin ollut sekä hyvin modernissa että perinteisessä koulussa. Minulla oli henkilökohtaista kokemusta eritasoisesta koulumenestyksestä, ja todistusarvosanojakin löytyi peruskoulusta kaikki nelosta lukuun ottamatta. Olin työskennellyt sijaisopettajana ja koulunkäynninohjaajana kaiken ikäisten lasten ja nuorten kanssa sekä yleis- että erityisopetuksessa.

Yhtenä tärkeänä elämänkokemuksena täytyy mainita myös kaikki muu työnteko. Olin 11-vuotiaasta asti tehnyt jokaisena vuonna aina valmistumiseeni saakka jotain osa-aikaisia palkkatöitä. Nämä ovat olleet merkittävä ikkuna ymmärtämään monenlaisia ihmisiä ja tapoja elää.

Luokanopettajana työskentelin pitkälti toistakymmentä vuotta, joista viimeiset kymmenen vuotta myös vararehtorina. Tämän jälkeen olen työskennellyt rehtorina sen kokoisessa koulussa, että useiden oppituntien pitäminen kuuluu edelleen jokaisen työviikkoni arkeen. Olen tehnyt työurani monikulttuurisessa koulussa, jossa suomea toisena kielenä opiskelee noin puolet koulun oppilaista. Tämä on tarjonnut erinomaisen ikkunan tähän yhteiskunnalliseen hetkeen ja niihin asioihin, jotka tulevat olemaan lähitulevaisuutta suurimmalle osalle maamme peruskouluja. Monikulttuurinen koulu on työskentely-ympäristönä erilainen, mutta sittenkin ihan samanlainen kuin mikä tahansa koulu. Lapset ovat aivan samanlaisia lapsia kieleen tai kulttuuriin katsomatta. Tähän teemaan palaan vielä myöhemminkin, mutta lyhyesti todettuna maahanmuuttajuudesta ei oman kokemukseni mukaan löydy syytä oppimistulosten valtakunnalliselle romahdukselle, vaikka tätä ideaa näkee julkisessa keskustelussa usein tarjottavan.

Joskus silmäilin sellaista tutkimusta, jonka keskeinen tulos oli, että opettajat toisintavat monia asioita omalta kouluajaltaan opettajankoulutuksesta huolimatta. Näin kävi varmasti minullekin, mutta kasvatuksen

69

perustavat sekä muuttumattomat lainalaisuudet huomioiden, tämä ei varmasti ole kovin vaarallista. Pidin luokanopettajana erittäin tärkeänä luokan yleistä ilmapiiriä, huumoria, oppilaiden vastuuttamista ja onnistuneesta vastuunkannosta palkitsemista. Tein myös usein kelloon katsomatta töitä sen eteen, että opetus olisi mahdollisimman laadukasta ja motivoivaa.

Jos opettajaksi opiskellaan keskimäärin viisi vuotta, niin seuraavat viisi työvuotta ovatkin sitten ne, jotka tekevät opiskelijasta opettajan. Tästäkin huolimatta olen usein sanonut, että olin opettajana parhaimmillani juuri valmistuttuani. Kun tulee kilometrejä, tulee jaksamisen ja kokemuksen nimissä turvauduttua yhä helpommin turvalliseen ja yleisesti hyväksyttyyn tapaan toimia. On helpompaa tehdä töitä siten, että pedagogisia valintoja ei tarvitse selitellä esimerkiksi työyhteisössä tai huoltajille. Opettajan ammattitaitoa katsotaan valitettavan usein juuri sen linssin läpi, että kokenut opettaja ei lähde kokeilemaan mitään, joka ei varmasti onnistu. Ainakaan alakoulussa ei olisi ihan hirvittävän vaarallista, jos joku kokeiltu uusi opiskelutapa osoittautuisikin toisinaan fiaskoksi, ja sen joutuisi sitten perästä paikkaamaan. Jos mitään ei olisi koulujen historiassa kokeiltu, kävisimme edelleen Suomessakin Seitsemän veljeksen lukkarinkoulua. Satunnaiset epäonnistumiset ovat myös opettamisen näkökulmasta juuri niitä tilanteita, joista opimme todennäköisesti kaikkein eniten. Tässä mielessä opettaminenkin on ikuista opettelua.

Tänä päivänä toisinnan omassa opetustyössäni eniten juuri ensimmäisten työvuosieni rohkeuden ja kokeilujen synnyttämiä onnistumisia. Tämä johtunee siitä, että eteen on tullut myös vuosi vuodelta enemmän haasteita oppilaiden kouluvalmiuksissa. Aluksi suurin haaste ei ollut keskiarvo vaan polarisoituminen. Oli edelleen oppilaita, joiden kanssa olisi voinut saavuttaa opillisesti mitä vain. Mutta lisääntyvissä määrin myös oppilaita, jotka vaatisivat kokoaikaista henkilökohtaisen aikuisen läsnäoloa. Turvallisuus- ja vastuukysymykset mielessä alkoi siis selkeästi kaventua se henkinen tila, jossa opetusta oli mahdollista suunnitella ja toteuttaa. Tämä tilanne on 2020-luvulle tultaessa muuttunut käytännössä jo standardiksi, eikä kouluissa ole todellakaan katseltu kädet taskuissa muutosta, vaan opittu myös vastaamaan moniin haasteisiin. Ironiaa on sitten se, että oppilaiden haasteiden määrällinen kasvu on ollut niin nopeaa, että ulkoapäin katsellen voi näyttää siltä, että kouluissa ei tehtäisi asialle mitään. Oikeasti tilanne kun on juuri päinvastoin.

Motiiveja rehtoriksi ryhtymiselle oli itselläni varmasti useita. Sattuma, tilaisuus, kiinnostus ja halu tehdä parhaansa omien työkavereiden eteen oman työkokemuksen pohjalta. Yksi syy oli kuitenkin myös se, että suurpiirteisenä ihmisenä olin luokanopettajana melko ankara itselleni siinä, että elokuussa tulee olla aidosti innoissaan, kun lähdetään luokan kanssa uuteen lukuvuoteen. Muuten hommat olisi syytä lopettaa. Onnistuin tässä mielestäni luokanopettajana hyvin, mutta tiedostin vuosi vuodelta enemmän myös taustalla häilyvän vaaran kyynistymisestä opettajan työn raskaiksi käyviin realiteetteihin. Toistaiseksi viimeisenä luokanopettajavuonnani tein työtä yhteisopettajuudessa toisen kokeneen luokanopettajan kanssa. Sekin oli erinomainen kokemus, ja siitä olisi varmasti löytynyt uutta puhtia luokanopettajan työhön vielä vuosiksi eteenpäin. Mahdollisuus kokeilla rehtorin työtä päätti kuitenkin toisin.

Rehtorina olen pyrkinyt toimimaan yksistään sen ohjenuoran varassa, että minun hommani on ensisijaisesti auttaa opettajia onnistumaan työssään niin hyvin ja terveinä, kuin se pakottavat olosuhteet huomioiden on mahdollista. Tämä perustuu juuri siihen filosofiaan, että opettajien ja lasten etu on aina jakamaton. Tämä on ollut mielestäni ainoa mahdollinen valinta, mutta se ei silti tarkoita sitä, että minäkään olisin poikkeuksetta tässä tavoitteessani onnistunut. Jo tämän tavoitteen priorisoinnin käytännön hintalappuna on ollut se, että oman opetustyön ja pakollisen byrokratian pyörittämisen lisäksi pedagogiselle johtamiselle tai koulun kehittämiselle ei jää mitään aikaa. Toki on rehellisesti sanottava myös, että tässä yhteiskunnallisessa ajassa ei ole ihan helppoa nähdä peruskoululle kirkasta suuntaa tai sellaisia tulevaisuuden visioita, joista ei heti ensimmäisenä tulisi mieleen ajatus: *"Ehkä joo, mutta tällä hetkellä liian suuri uhka opettajien työssä jaksamiselle."*. Olemme tavallaan vankina kahden tosiasian välissä. Emme tule koskaan saamaan peruskouluille sellaista resurssointia, joka tulisi kompensoimaan täysimääräisesti nykyiset ja näköpiirissä olevat haasteet. Ne taas vievät kaiken hapen mahdollisuuksilta kehittää koulua. On vain pakko alkaa ajatella, että emme voi pidemmällä aikavälillä hyväksyä sellaista todellisuutta, joka on lasten ja nuorten psyykelle näin vaarallinen.

2010-luvulla oppilaiden koulupolarisaatiosta on tullut siis eräänlainen standardi, johon on myös osittain pystytty kouluissa vastaamaan. Laajuus vain meinaa haudata näkyvät tulokset alleen. Varsinainen sysäys tämän kirjan kirjoittamiselle on kuitenkin ollut se, että 2020-luvulla oppilaiden keskimääräisetkin koulunkäyntivalmiudet ovat alkaneet heikentyä jyrkkyydellä, jota en edes jokapäiväisen toiminnan ytimessä osannut ennakoida. Loppuvuonna 2023 kotimaan uutisia hallitsivat Suomen jälleen heikentyneet oppimistulokset tuoreimmassa Pisa-vertailussa. Nämä tulokset tuskin tulivat opettajille Suomessa yllätyksenä ja tukivat hyvin havaintoja opetustyön arjesta. Monella opettajalla tuli varmasti mieleen sellainenkin ajatus, että nyt viimeksi vertailussa olleet 15-vuotiaathan olivat oikeastaan aikanaan kouluun tullessaan kouluvalmiuksiltaan aika paljon edellä niitä lapsia, jotka juuri nyt saapuvat esimerkiksi varhaiskasvatuksen piiriin. Näyttääkin siltä, että Suomessa ja monissa muissa länsimaissa saadaan katsella laskevia Pisa-tuloksia vielä pitkään ja varjonyrkkeillä näkymättömien syyllisten kanssa.

Ihan oma aiheensa ovat sitten koko Pisa-tutkimukset ylipäätään. Minkälaisia taloudellisia ja poliittisia motiiveja tulosten käytön taakse piiloutuu, mitä Pisa lopulta mittaa ja miten menestys vertailussa oikeastaan linkittyy ihmisten tosiasialliseen yhteiskunnalliseen hyvinvointiin kohdevaltioissa nyt ja tulevaisuudessa? Esimerkiksi Suomessa tuloksille on annettu menestyksen jälkeen paljon palstatilaa ja tätä kautta myös poliittista arvoa. Kun tuli menestystä, uutisoitiin, että meillä on nyt maailman paras koulu. Varsinainen menestykseen johtanut työ oli kuitenkin tehty jo edellisinä vuosikymmeninä, kun tutkimuksen kohteina olleet 15-vuotiaat olivat kasvaneet. Ainoa huipulle pääsemistä vaikeampi asia onkin huipulla pysyminen, ja syitä tähän löytyy niin yleisestä yhteiskunnallisesta kehityksestä kuin siitäkin, miten Pisa-menestys otetaan kussakin valtiossa vastaan.

Aloitin itse työskentelyn opettajana aika tarkasti siinä kohdassa, kun Suomen laskeutuminen Pisahuipulta alkoi. Toisin kuin populistisessa maailmankuvassa, syy ei ehkä ollut kuitenkaan yksin sen hetken koulussa, vaan oli taas katsottava vähintään 15 vuotta ajassa taaksepäin siihen hetkeen, kun tutkimuksen kohteena tuolloin olleet nuoret olivat syntyneet. Lasku alkoi juuri sen sukupolven kohdalla, joka oli syntynyt keskelle Suomen syvintä 1990-luvun taloudellista lamaa. Voi tätä väittää epäonnekkaan tarkaksi sattumaksikin, mutta kyllä lukisin tuon niin, että muun muassa suorilla leikkauksilla koulutuksen resursseihin ja kansakunnan henkisillä voimavaroilla on selkeitä ja kauaskantoisia vaikutuksia. Ensimmäisinä omina työvuosinani elettiin koulumaailmassa vielä paljolti "Pisa-hattaraa". Jos koetti havaintopohjalta nostaa kriittisiä puheenvuoroja peruskoulusta esiin, viitattiin niille kintaalla. Olimmehan julkisuudessa tuolloin julistaneet itsemme koulutuksen huippumaaksi. Huipulla voi tulla helposti ajatus, että ei enää tarvitse panostaa lisää, ja kaikki soraäänetkin on helpompi kuitata härmäläiseksi kyynisyydeksi. Päätöksenteon näkökulmasta voi ajatella niin, että Pisa-menestyksestä on oikeastaan ollut suomalaiselle koulutusjärjestelmälle myös haittaa. Julkisessa keskustelussa unohtuu aina, että tulokset peilaavat edellisten vuosikymmenten kehitystä eivätkä tulosten julkistushetkeä. Kun tulee hyviä tuloksia, voi se johtaa jopa resurssien jäädyttämiseen ja edelleen leikkaamiseen sekä perisuomalaiseen kateuspuheeseen. Aletaan

75

kyseenalaistaa perustavalla tavalla sivistystä vaalivien instituutioiden tarpeellisuutta: "Mitäpä tässä rahaa kaiken maailman humanisteille syytämään, kun olemme jo huipulla?". Sitten kun tulee lunta tupaan, syytetään taas samoja instituutioita, joilta ollaan ensin menestyskiimassa leikattu rahoitus ja sitten suljettu korvat höpinöiltä laskusuunnasta tai ongelmista. Poliittiset korjausliikkeet ovat usein räiskyviä, ja siellä vielä viimeisen kerran unohdetaan se, että tuoreet tulokset eivät kerro tästä hetkestä vaan pitkästä kehityksestä.

Nyt keskustelun kärkinä ovat muun muassa koulujen kännykkäkielto ja oppilaskeskeisten työtapojen kritisointi. Tavallaan toivoisin, että voisimme elää pienen hetken totalitaarisessa yhteiskunnassa, jotta tulisi nopeammin näkyväksi edellä mainittujenkin ajatusten populistinen luonne. Joutuisimme myöntämään, että laadukkaan opetuksen ja kasvatuksen toteuttaminen ei sittenkään ole näin mustavalkoista ja helppoa hommaa. Minulla on omakohtainen ja pitkäkestoinen kokemus paksuista tiiliseinistä ja hyvästä kännykkäkurista alakoulussa. Valitettavasti lasten ja nuorten ongelmat ovat näilläkin reunaehdoilla täysin samat, mistä julkisuudessa koko ajan puhutaan. Toki puhelimista on haittaa opiskelulle, jos niitä ei saada rajoitettua, ja tämä on yläkouluissa huomattavasti alakouluja haastavampaa. Avoimet oppimisympäristöt olisivat asiaa taitamattomien käsissä varmasti huono ratkaisu, mutta oppimisen erilaisia ratkaisuja säätelevät ihan oikeat kasvatuksen ja opetuksen ammattilaiset sen mukaan, mikä kulloinkin on mahdollista ja järkevää. Koulu peilaa yhteiskuntaa, ja lapset viettävät ylivoimaisesti suurimman osan hereilläoloajastaan jossain aivan muualla kuin kouluissa. Puhelinten vaikutusta lasten elämään sinällään en väheksy. Suurin puhelimella vietetty tuntimäärä tavallisen kouluviikon aikana ja pääosin koulun ulkopuolella, jonka itse olen todistanut, on ollut 90 tuntia. Suoraan sanottuna tuollainen tuntimäärä ei ole mielestäni mitään muuta kuin lastensuojeluasia.

Painatko duunia, vai painavatko duunit sinua?

Moderni orjuus

Yksi tapa lähestyä sitä, mikä lastemme elämää rikkoo, on ottaa luupin alle keskiverto ja keskiluokkainen aikuinen. Omallakin kohdallani tähän riittää nopea vilkaisu peiliin. Pohdinnan jälkeen mielestäni ongelmiamme kuvaa parhaiten jo aikaisemmin vilauttamani termi: moderni orjuus. Kehityskulun peruskivet on muurattu jo vuosikymmeniä sitten, mutta vasta digitalisaatio on pudottanut meidät lopullisesti pois kuskin paikalta.

Yksinkertaistettuna digitaalisessa vallankumouksessa on siis kysymys tietokoneista, jotka ovat pelkistetysti ilmaistuna laskukoneita. Ne pystyvät käsittelemään epäinhimillisiä määriä laskutoimituksia lyhyessä ajassa, mutta eivät huomioi lainkaan inhimillisiä muuttujia. Eivät edes silloin kun ne simuloivat inhimillistä käytöstä esimerkiksi tekoälysovellusten yhteydessä.

Yksilöinä ihmisissä on eroja, mutta laskukoneille sillä ei ole mitään merkitystä. Kaupallisesta näkökulmasta suurten massojen keskiarvot riittävät erittäin tarkkoihinkin todennäköisyyksiin mainiosti. Internetin avulla tehdään kohdistettua markkinointia, joka perustuu meidän itsemme ja kaikkien verkostojemme internetissä jakamien tunnistetietojen tarkkaan profilointiin sekä hyödyntämiseen. Sijaintitiedot, verkkohaut ja -vierailut, kirjautumiset sekä kaikki klikkailutieto. Kaikesta toiminnastamme verkossa jää massiivinen määrä dataa, ja teoriassa on kaupallisesti hyödynnettävissä, että kuka olen, mitä teen, mistä olen kiinnostunut, mitä haluan, mistä haaveilen ja mihin käytän rahani. Edellisiä yhdistellen voidaan edelleen päätellä, paljonko minulla on vielä potentiaalista kulutus- ja velanottokykyä jäljellä. Halusimme tai emme, puhutaan meistä nykyään paljon useammin kuluttajina kuin kansalaisina.

Voidaan perustellusti siis sanoa, että tapamme elää on vain parissa vuosikymmenessä lopullisesti läpikaupallistettu. Laskukoneiden joukko pyrkii pitämään huolta maksimaalisesta kuluttamisesta tarjoamalla meille tarkasti kohdennettuja tarpeita ja ratkaisuja ostokykymme äärirajoja vasten. Näistä aineksista on syntynyt moderni orjuus, jonka perässä kaupalliset toimijat ja rahoitusmarkkinat ovat saavuttaneet merkittävän valta-aseman ihmisten vapauden kustannuksella. Itse ajattelen, että tämä kehityskulku on ollut merkittäviltä osin enemmänkin itseään ruokkiva vahinko ja looginen jatkumo kuin jokin "suuri suunnitelma" ihmiskunnan orjuuttamiseksi. Internet on yksinkertaisesti avannut sellaiset markkinat, joista ennen saatettiin vain haaveilla, ja nälkä on kasvanut syödessä. Nykyään kun puhutaan maksukyvystä, ei arvioida enää sitä, onko ihmisellä tasapainoista tai onnellista elämää ajatellen järjetön määrä velkaa. Nyt arvioidaan sitä, pystyykö kuluttaja ainakin lyhyellä aikavälillä suoriutumaan lyhennyksistään ja mikä on mahdollisten luottotappioiden riski.

Tästä on seurauksena se, että lyhytkin työttömyys on useimmille ihmisille suorastaan sietämätön riski, koska koko elämäntapamme rakentuu velkarahalle. Tämä ei voi olla vaikuttamatta siihen, että työelämässä on ainakin mahdollisuus käyttää tätä riippuvuutta myös hyväkseen. Yksilön työpanoksen "markkina-arvo" on juuri sen verran, kun siitä on pakko maksaa työntekijälle ilman, että menettää työpanoksen kilpailevalle työnantajalle. Vapaasta markkinataloudesta on sanottu muun muassa, että se on oikeudenmukaisuuteen pohjaava järjestelmä, joka harmonisoi oloja maailmanlaajuisesti. Elämme vaurauden osalta melko epätasa-arvoisessa maailmassa ja silloin esimerkiksi työpanoksen hinnan globaali harmonisoituminen on hyvinvointivaltioiden kansalaisille jatkuva uhka, johon yhtenä liennytyksenä on halpa velkaraha. Digitalisaatio on vinouttanut ajatuksen onnellisuudesta, kun laskukoneet pystyvät ulosmittaamaan perustarpeiltaankin turvatuista ihmisistä irti selkeästi enemmän kuin olisi heidän oman hyvinvointinsa näkökulmasta järkevää. Vauraiden maiden keskiluokalla onkin runsaasti velkaomaisuutta, jonka hintana on käytännössä yksilöiden henkilökohtainen vapaus. Ajatusta voi testata helposti klassisella lottovoittajakysymyksellä: "Mitä tekisit, jos voittaisit tänään lotosta?" Lähes jokainen työikäinen länsimaalainen alkaa hetken mietittyään luetella asioita, joista ensimmäisenä tavoiteltavana asiana on Ferrarin sijasta oma henkilökohtainen vapaus.

Vaikka "vapaassa markkinataloudessa" alkaa teknologiajättien imussa olla jo vähän feodaaliyhteiskunnan makua, suhtaudumme asiaan yleensä viileän rationaalisesti. Vähän kuin säätilaan, jolle "ei ole mitään tehtävissä". Tähän todennäköisesti perustuu myös se, että emme kovin helposti ala nostaa tikun nokkaan markkinatalouden ohjaamaa ja läpikaupallistunutta tapaamme elää silloinkaan, kun puhutaan lasten ja nuorten huolestuttavalla tavalla lisääntyneestä pahoinvoinnista.

Ennen kuin minut kampataan johonkin poliittiseen lokeroon, totean, että en vastusta markkinataloutta. Kannatan ajatusta siitä, että hän, joka nostaa esiin ongelman, tuokoon pöytään myös paremman ratkaisun. Epäilen, että markkinatalouden osalta tähän ei realistisesti pysty tällä hetkellä maailmassa kukaan. On siis lähdettävä siitä, että markkinatalouden kanssa on elettävä. En kuitenkaan allekirjoita ajatuksia, jossa markkinoiden itsesäätely turvaisi enää inhimillistä ja onnellista elämää tavalliselle työssäkäyvälle. Laskukoneet vievät meitä kuin mätää kukkoa, emmekä pysty ansaan jäätyämme enää tekemään valintaa sen välillä, olemmeko ensisijaisesti ihmisiä vai kuluttajia. Vaikka kuinka haluaisin uskoa kaikenlaiseen vapauteen, epäilen, että meneillään oleva vuosisata voi tuoda tullessaan vielä monenlaista tarvetta tekoälyn, tietoverkkojen ja markkinoiden tiukempaan sääntelyyn sekä poliittiseen ohjaukseen ihmisten hyvinvoinnin nimissä. Säätelyn tarve riippuu varmasti lopulta siitä, missä määrin ihmiset ovat valmiita tekemään omia arvovalintojaan ja istumaan tällä tavalla itse omien elämiensä kuskin paikalle. Sanomattakin on selvää, että ihmisten oma valveutuminen olisi parempi vaihtoehto kuin heittäytyminen yhteiskuntien sääntelyn armoille. Lähtölaukaus tälle kehitykselle näyttäisi joka tapauksessa tulevan nyt lasten hyvinvoinnin nopeasta murentumisesta ja sen vaikutuksista meihin, yhteiskuntiin ja koko maailmaan.

Modernin orjuuden toinen ulottuvuus

Modernilla orjuudella on taloudellisen toimeentulon ohella elämiimme myös toinen merkittävä ulottuvuus. Taloudellisesti jäämme helposti loukkuun yhä rajummaksi muuttuvan työelämän ja kuluttamisen väliin sekä haaveilemme jatkuvasti tästä oravanpyörästä karkaamisesta. Olisimmeko sitten lottovoiton jälkeen varmasti onnellisia? Koomikko Jim Carey on todennut osuvasti, että: *"Jokaisen pitäisi saada kokeilla tulemista rikkaaksi ja kuuluisaksi ja tehdä kaikki, mistä he ovat ikinä unelmoineet, jotta he näkisivät, että se ei ole vastaus."* Mitä ihmiselle lopulta merkitsevät toimeentulon lisäksi ammatti, työ, oman osaamisen sekä persoonan toteuttaminen ja itsensä kehittäminen työn kautta? Mikä minun roolini tai paikkani tässä maailmassa on, mitä tuotan toisille ihmisille ja miksi ylipäätään olen olemassa? Emme voi enää tavoitella työelämän kautta henkilökohtaista onnellisuutta, jos työ vie meiltä jaksamisen ja vapauden, mutta työttömyys taas merkityksen. Elämässä on tärkeämpiäkin asioita kuin työ, mutta sillä on ollut hyvinvointivaltioissa perinteisesti paljon pelkkää toimentuloa suurempi merkitys. Mitä seuraisi siitä, jos työelämä muuttuisi niin, että siellä olisi mahdotonta voida hyvin?

Välillä yhteiskunnallisissa keskusteluissa pulpahtaa esiin ajatus talouden ikuisen kasvun illuusiosta. Se tarkoittaa käytännössä työnteon panos-tuotos-suhteen ikuista tehostamista. Sama ajatus kätkee sisäänsä siis myös ajatuksen työelämän ikuisesta kurjistumisesta. Kerrassaan inhottava ajatus ja todellinen virtahepo olohuoneessa. Jos moitit virtahepoa, olet poliittinen radikaali ja jos puolustat sitä, olet

tunteeton riistäjä. Korrektia on olla hiljaa ja
miettiä itsekseen, miten voisi pelastaa edes
itsensä vaaralliseksi muuttuvalta työelämältä.
Tämä tilanne ei nykyisessä kehityssuunnassaan
voi mitenkään olla vaikuttamatta myös
arvoihimme.

Lopulta on kyse arvoista

Ihmisten toiminnan perusteella maailman tärkein
arvo on raha, jolle muut asiat kuten terveys,
ihmissuhteet ja onnellisuus ovat alisteisia. Näiden
ei välttämättä tarvitse aina olla ristiriidassa
keskenään, mutta havainnot ympäröivästä
todellisuudestamme kertovat paljon. Käytännössä
tunnemme ihmisinä pitkäkestoista onnellisuutta
lähes yksinomaan merkittävien ihmissuhteiden ja
terveytemme kautta, mutta olemme halukkaita, tai
pakotettuja, uhraamaan edelliset saadaksemme
itsellemme lisää rahaa. Emme voi kuitenkaan
lopulta ostaa kuin kulissit onnellisuudelle,
merkittäville ihmissuhteille ja terveydelle.

Syöpälääkärin tuomio vielä pysäyttää tavallisen
koheltajan, mutta oma ja läheisten psyyke
murenee jo paljon huomaamattomammin, vaikka
vaikutukset voivat lopulta olla yhtä fataaleja.
Keskeinen ongelma on se, että sama kaupallinen
koneisto, joka myy meille tavarat, myy meille
myös arvot, joihin kuluttaminenkin perustuu.
Hyvä esimerkki on viherbisnes. "Osta,
hiilijalanjälki hyvitetty, valmistettu 20-

prosenttisesti uusiutuvista raaka-aineista ja 30 prosenttia uusiutuvalla energialla." Mutta onko kyseessä kestävä tuote, jota ihan oikeasti tarvitset ja voiko yhä lisää kuluttamalla pelastaa maapallon?

Globaali maallistuminen ja individualismin korostaminen ovat luoneet erinomaiset markkinat myös arvojen kaupallistamiselle. Ostamme kaikkea mahdollista, millä haluamme viestittää itsellemme ja ympärillemme yksilöllisyyttämme, vapauttamme sekä tehdä pesäeroa "inhottavaan konservatismiin". Tätä kaikkea varten otamme sitten lainaa ja annamme rahan välityksellä yhteiskunnan todellisen vallan toisinaan juuri niille arvoille, joita koetimme ensisijaisesti kuluttamalla vastustaa. Kuluttamisesta onkin tullut kuin ydinase. Yksikään valtiojohtaja ei uskalla enää kiivetä puhujapönttöön ja kehottaa kansalaisiaan lopettamaan hysteerinen kuluttaminen. *Etkö ymmärrä mitä siitä seuraisi?* No karmea lamahan siitä seuraisi. Mutta mitä eroa on lopulta diktatuurissa ja vapaassa maailmassa, jossa sinulla ei enää ole varaa olla vapaa? Oikeasti vihaan mustavalkoista ajattelua ja muistutan, että onneksi tähän on olemassa myös sellainen vaihtoehto kuin kohtuus. Todellisia tarpeitamme pohtimalla on mahdollisuus päästä melko pitkälle, kun opimme taas uudelleen ymmärtämään sen, mitä se elämissämme tarkoittaa.

Ei tämä maailma siis hanskat tiskiin lyömällä parane, mutta pysähtyä täytyy.

85

Luonnonkatastrofit ja pandemiat pois lukien, kukaan ei tule, tai edes pysty, meitä enää pysäyttämään. Se meidän täytyy jokaisen tehdä ihan itse. Katsoa ympärillemme ja miettiä, mitä oikeastaan olemme elämillämme tekemässä. Itse uskon tietynlaiseen yhteiskuntien itsetasausmekanismiin. Kenenkään ei tarvitse mennä kadulle polttamaan autoja, eikä siitä olisi edes mitään hyötyä. Pienet inhimillisyyteen pohjaavat valinnat, silloin kun niitä tekevät miljoonat tai miljardit ihmiset, kuljettavat lopulta markkinoita eikä toisinpäin. Tarvitaan paljon nykyistä parempaa tietoisuutta siitä, miten ja millaisilla arvoilla markkinat toimivat ja mikä niiden vaikutus ihmisten elämään todella on. Olen ihan toiveikas, että uusimmat sukupolvet tulevat viemään arvojamme tällä pallolla taas uudelleen siihen suuntaan, että töitä tehdään enemmän elääkseen kuin toisinpäin. Ja jos en paljon veikkaa vinoon, niin "kallis ja mitään tuottamaton" peruskoulu sekä koulutus ylipäätään ovat jälleen arvossaan, kun maapallolle haetaan uutta tasapainoa inhimillisen elämäntavan ja rahan vallan välille.

Yhteiskuntien itsetasausmekanismi tarkoittaa käytännössä sukupolvimuutosta, jota voi ennakoida kuuntelemalla aikuisuuden kynnyksellä olevia nuoria ja heidän tulevaisuuden näkemyksiään. Monet nuoret mainitsevat, että he eivät ole aikaisempien sukupolvien tavoin kiinnostuneita omistusasunnosta, perheen perustamisesta tai lapsien hankkimisesta. Syy löytyy varmasti samasta paikasta, kuten aina.

Pyritään välttämään edellisten sukupolvien heille virheinä näyttäytyneiden valintojen toistaminen. Kuinka moni nuori on joutunut lapsena katsomaan vierestä omien vanhempien työuupumusta, työn ja perhe-elämän yhdistämiseen liittyviä ongelmia ja raskaan elämäntavan tuottamia katkeria eroja ja rahahuolia?

Helposti kävelemme tiedostamattammekin siihen ansaan, että jäämme aina kiinni vain konkreettisimmilta vaikuttaviin eroihin sukupolvien välillä. Ajattelemme olevamme jotenkin parempia ja fiksumpia kuin uusin sukupolvi, mutta mikään historia ei kyllä tue tätä päätelmää. Vähän abstraktimmalla tasolla tuntuu, että uusin sukupolvi ei kapinoi enää niinkään auktoriteetteja, vaan autoritaarisella tavalla ohjaavaa ajatteluamme vastaan. Syötämme lapsillemme aika paljon totuuksia kyllä-ei-pohjalta, ja juuri tähän mustavalkoisuuteen ajatteluun pohjaava maailmamme näyttäytyy tällä hetkellä nuorille melkoisena mahdollisuuksien umpikujana. Nuoret eivät enää osta sitä "menestymisen" mallia, jota edeltävät sukupolvet heille sitkeästi tuputtavat. Sukupolvien välille haetaan helposti keinotekoista eripuraa esimerkiksi silloin, kun keskustellaan sukupuolien moninaisuudesta. Kyse voi kuitenkin olla osin myös symbolisesta kapinasta vanhempien sukupolvien dikotomista ajattelua vastaan.

Ajatus tuntuu oikeastaan aika järkevältä. Autoritaariset yhteiskunnat ovat vähän kuin kehnoja chatbotteja tai poliittisia ääriliikkeitä. Kaikkeen on olemassa vain kaksi vaihtoehtoa ja jos esität ajatuksen, joka ei toimi tässä kaaviossa, tulee lähtö vankileirille, chatbot-error tai turpaan. Mustavalkoinen ajattelu itsessään on korkeintaan ärsyttävää, mutta ääripisteessä johtaa se kaiken inhimillisyyden täydelliseen vastakohtaan, sotiin. Uutisia katsellessa voi nuorin sukupolvi tulla aika vahvasti siihen päätelmään, että edellisten sukupolvien tuottama "oikea tapa elää" sisältää näköalattomuuden lisäksi paljon myös ihan konkreettisia uhkia kaikelle elämälle maapallolla.

Suhteellisuusteorian takana olevaa Albert Einsteinia on kuvailtu 1900-luvun tärkeimmäksi fyysikoksi ja neroksi, joka on lausunut muun muassa: "Et voi valmistautua sotaan ja estää sitä samaan aikaan". Tämän perusteella Albert on usein leimattu pasifistiksi, vaikka ei ilmeisesti vakaumuksellinen pasifisti ollutkaan. Albertin lausahduksiin kuuluu myös: "Emme voi ratkaista vaikeita ongelmia samalla ajattelun tavalla, millä ne ovat syntyneet". Jos jostain sitten muistamme Albertin, niin siitä, että hän pystyi abstraktiin ajatteluun ihmiselle täysin poikkeuksellisella tasolla. Tämän vuoksi on ihan perusteltua olettaa, että hänen yhteiskunnalliset lausuntonsakin rakentuvat todennäköisesti vähän moniulotteisempaan ajatteluun kuin kyllä tai ei. Tämän päivän maailmaa kun katsoo, niin juuri autoritääriset valtiot ovat niitä, joilta loppuvat ensimmäisinä vastaukset ja keinot olla ajautumatta sotiin.

Pyrimme määräämään, että seuraavan sukupolven on opiskeltava pitkälle, tehtävä pitkä työura ja lisäännyttävä nykyistä enemmän. Pelissä ovat yhteiskunnan kilpailukyky, meidän eläkkeemme ja tulevaisuutemme kansakuntana. Tämän kaiken vaatimisen teemme sitten itse loppuun palaneina työ- ja perhe-elämän puristuksissa. Takanamme on nuoria helpompi koulupolku ja edessämme lyhyempi työura. Kun nuori tekee kaiken meidän mukaamme oikein, voi päästä 40 vuodeksi istumaan tietokoneelle tekemään 60-tuntisia työviikkoja. Yritämme myydä nuorille jotain, mitä he eivät halua ostaa, ja sanelupolitiikka ei toimi. Hiljattain uutisoitiin eurooppalaisen suurvallan presidentin pitäneen puheen syntyvyyden lisäämisestä vaativaan sävyyn. Autoritäärisen oloinen sanelu nosti välittömästi voimakkaan vastareaktion. Presidentti puolustautui kuvaamalla aihetta tabuksi paljastaen samalla ehkä oman mustavalkoisen ajattelunsa. Paljon tärkeämpää olisikin toisinaan kysyä, miksi jotain ei tapahdu kuin miten johonkin voitaisiin pakottaa.

Hätiköidyt johtopäätökset

10 onttoa selitystä

Ennen kuin alan pohtia suomalaisen peruskoulun mahdollisuuksia tulevaisuudessa, esitän lyhyet kritiikit niille kymmenelle yleisimmälle selitykselle, joita peruskoulun ongelmiin usein julkisessa keskustelussa tarjotaan.

1. Evoluutioselitykset

Tämän otsikon alle kuuluvat kaikki ne selitykset, jotka pohjaavat ilman mitään näyttöä ja uskottavuutta sille, että nykylapset, -nuoret, -vanhemmat ja koulut opettajineen ovat vain yksinkertaisesti edellisiä sukupolvia huonompia ja heikompia. Vaikka tämä on lajina nykyihmisen evoluution huomioiden käytännössä mahdoton kehityskulku, se on varsinkin arkipuheessa melko suosittu ja paljon käytetty selitys. Motiivina tällaiselle nuorempia sukupolvia väheksyvälle puheelle lienee ehkä ihmiselle ominainen turhamaisuus tavassa varjella oman sukupolvensa arvoa ja yhtenäisyyttä sukupolvien ketjussa. Selvää lienee, että ihmisinä sosiaalistumme ja muokkaannumme kuitenkin aina oman aikakautemme näköisiksi: aikamme yhteisöön ja arvoihin. Toimisimme myös keskimäärin aivan samalla tavalla kuin muutkin aikalaiset, jos meillä olisi mahdollisuus syntyä uudelleen johonkin toiseen aikakauteen. Jos esimerkiksi nykylapset ja -nuoret olisi todella onnistuttu "vammauttamaan" siten, että he olisivat kognitiivisesti heikompia kuin ihmiset tuhansia vuosia ennen heitä, suoria syyllisiä tähän olisivat kaikki vielä elossa olevat vanhemmat sukupolvet. He olisivat tämän aiheuttaakseen epäonnistuneet katastrofaalisesti omassa kasvatustyössään ja tuottaneet epäkelpoja lapsia sekä nykylasten vanhempia.

2. Vastuuton vanhemmuus

Jokainen vanhempi tietää sen hetken synnytyssairaalassa, kun aika pysähtyy. Pienessä syntymän hetkessä on puhuttelevimmalla mahdollisella tavalla läsnä koko elämän kirjo. Uusi elämä lyö kättä sen todellisuuden kanssa, että kello on juuri käynnistynyt sitä hetkeä kohden, kun nuo kaksi erottamatonta, lapsi ja vanhempi, ovat joutuva jälleen erotetuiksi toisistaan. Meillä aikuisilla on paljon saatuja ja otettuja ongelmia, mutta uskon, että tuolla lapsen syntymän hetkellä jokainen on läsnä ja kokemukseltaan tasavertainen muiden vanhempien kanssa. Vaikka kaikki ei olisi aina omassa kasvatustyössä onnistunut, en ole koskaan istunut pöytään sellaisen huoltajan kanssa, joka ei olisi halunnut lapselleen yksin parasta.

Toki vanhastaan tiedetään esimerkiksi vanhempien päihderiippuvuuksien olevan haitallisia lasten terveelle kasvulle, mutta tarvitsemme enemmän yhteistä ymmärrystä ja arvopuhetta siitä, miten nyky-yhteiskunnan normien mukaankin eläminen voi olla lapsuudelle jo lähes yhtä haitallista. Vanhemmat voivat tehdä ehjän lapsuuden näkökulmasta joitain huonoja valintoja. En usko, että näistä valinnoista on kuitenkaan yhtään sen suurempi osa tietoista laiminlyöntiä kuin koskaan aiemminkaan ihmiskunnan historiassa.

3. Ennen oli kaikki paremmin -ajattelu

Tämä on yhtä aikaa suosituimpia ja utopistisimpia selityksiä peruskoulujen ongelmille. Monelle tämän päivän keski-ikäiselle, itseni mukaan lukien, 1980-luku näyttäytyy tähän päivään verrattuna kullankeltaisena aikana, jonka perään haikaillaan. Heti on vedettävä mattoa haaveiluiden alta, sillä vaikka muistoissamme tuo aika on lähellä, kalenteri osoittaa sen olevan niin kaukana, että vallalla on ollut täysin erilainen yhteiskunnallinen aika. Monestakin syystä emme voi edes teoreettisella tasolla palata tuohon aikakauteen. Ja jos yhteiskunnallisten asioiden eroja aikakausien välillä alkaisi perata yksi kerrallaan, luulen, että emme lopulta edes haluaisi. On pohdittava sitä, mikä tuntui tunnetasolla ennen olevan paremmin ja mietittävä sitten, mitä se voisi tarkoittaa tässä ajassa.

Monella keski-ikäisellä katseen 1980-luvulle kääntää oma eletty nuoruus ja siihen olennaisena osana liittyvä vapaus. Se on varmasti monen muistoissa se ydin, jolla menneiden aikojen ylivertaisuutta kuvataan. Tämä ei yllätä, sillä nuoruushan saa voimansa juuri vapaudesta. Tämän jälkeen olemme saapuneet yhteiskunnallisesti uuteen aikakauteen, jossa moni puute on vanhaan verraten poistunut juuri henkilökohtaisen vapautemme kustannuksella. Kontrasti on suuri verrattuna siihen mielikuvaan, jossa kuvittelemme nykyistä elämäämme menneisyydessä. Vapaus on monimutkainen ja myös hyvin henkilökohtainen käsite. Tässä ajassa haluamme korostaa vapauttamme paljon individualistisista lähtökohdista: "minä olen ja minulla on oikeus olla tällainen ihminen". Kääntöpuolena tulee se, että vailla yhteisiä arvoja, odotuksia tai oletuksia emme aina kuitenkaan pysty hahmottamaan itseämme osana yhteiskuntaa. Emme osaakaan yksin omaan napaan tuijotellen vastata keitä tai mitä oikeastaan olemme suhteessa muihin ihmisiin. Yhteisöllisyys on siis varmasti toinen asia, jota tähän aikaan menneisyydestä kaipaamme. Niin henkilökohtaisessa elämässä koetun vapauden kuin yhteisöllisyydenkin puutekin nivoutuvat luontevasti edellä esittelemääni modernin orjuuden ajatukseen.

4. Tasapäistävä ja tylsä koulu

Tämä selitysmalli ponnistaa siitä, että peruskoulun ongelmat johtuvat muun muassa koulun toteuttaman opetuksen tylsyydestä ja vanhanaikaisuudesta. Väärin toteutettu opetus katsotaan itsessään juurisyyksi kaikille oppilaiden ongelmille. Individualismin noustua suorastaan kansalaisarvoksi, moni aikuinen tuntuu omista kouluajoistaan huolimatta unohtaneen, että peruskoulu perustuu edelleen lähes yksinomaan ryhmäopetukseen. Perinteinen 45 minuutin oppitunti ideaalikokoisessa 20 oppilaan luokassa tarkoittaa sitä, että yksi oppilas voisi parhaimmillaan saada oppitunnilla henkilökohtaista huomiota opettajalta noin minuutin. Aika käynnistyy välituntikellon soitosta ja ikätaso, vuodenaika sekä edeltäneen välitunnin tapahtumat ratkaisevat lopulta sen, paljonko itse oppituntia jää jäljelle. Jos oppilaat ovat ykkösiä

94

talvivaatteissaan, välkällä on riidelty ja joku on satuttanut mäessä polvensa, voi oppitunnin pidon joutua unohtamaan kokonaan. Varsinkin jos opettajan lisäksi muita aikuisia ei ole saatavilla. Jos tunti pääsee alkamaan ajallaan, on tosiasia, että aika oppilaiden välillä ei koskaan jakaudu tasaisesti, vaan moni jää pakottavista syistä jatkuvasti ilman opettajan aikaa.

Lyhyesti sanottuna koululla ei ole mitään mahdollisuutta kompensoida sitä aikuisen nälkää, joka lasten kotioloissa voi syntyä. Kun pitää kotona esimerkiksi 20 lapselle kaverisynttärit ja saa aikuisena hommakseen pitää tunnin verran lapsijoukolle ohjelmaa siten, että kaikilla on kivaa, voi hyvin eläytyä siihen, kuinka vaikea opettajan työ oikeastaan onkaan. Synttäreillä voi käyttää tunnin setin huolelliseen valmisteluun kolme tuntia aikaa ja piilottaa talon täyteen karkkeja. Tästä huolimatta noin suuressa lapsijoukossa tulee ainakin yhdellä lapsella tunnin aikana jostakin paha mieli. Koulussa tuo tunti on edessä noin 1 000 kertaa lukuvuodessa ja aiheet ovat ennalta määrättyjä. Ei ole yhtään karkkia, mutta aiheena voi olla yhteyttäminen. Opettajat ovat mestareita keksimään erilaisia tapoja opiskella ikätasoisesti haastaviakin aiheita, mutta koulu ei ole päättymättömät lasten mehukestit. Koulu on aina myös työtä ja toisinaan asioita, jotka eivät luovastakaan toteutustavasta

95

huolimatta kiinnosta yksilötasolla jotain oppilasta yhtään. Tasapäistävyys käsitteenä sisältää usein ajatuksen siitä, että lapsella olisi paljon mielenkiintoa ja kykyjä edetä omaa ryhmäänsä nopeammin tai pidemmälle, mutta hänelle ei anneta siihen mahdollisuutta. Henkilökohtainen kokemukseni on, että ylöspäin eriyttämisen tarve tehtävätasolla ei sinällään ole ongelma, koska tarvetta tähän on lopulta aika harvoin. Toki löytyisi varmasti aina joukko lapsia, jotka voisivat lähteä yhdessä opettajan johdolla opiskelemaan jonkin asian vaativammalla tavalla. Mutta mihin valtaosa lapsista laitetaan tällä välin? Toki tähänkin on löydetty esimerkiksi erilaisilla yhteisopettajuuskuvioilla kouluissa ratkaisuja, mutta pidemmälle vietyinä nousevat järjestelyt helposti arvostelun kohteeksi, kun koulun katsotaan toteuttavan tasoryhmiä eriyttämisen kautta. Tämähän on tavallaan ihan totta, mutta jälleen kerran: Onko koulu se tasapäistävä elementti, vai sittenkin ne yhteiskunnalliset vaatimukset siitä, millaiset opetuksen tavat ovat hyväksyttäviä? Rahoitus ei tällä hetkellä meinaa riittää halvimmassakaan opetuksen järjestämisen tavassa eli siinä, että yksi aikuinen opettaa kerrallaan mahdollisimman suurta joukkoa lapsia.

5. Ammattitaidoton kasvatushenkilökunta

Olen tullut siihen lopputulokseen, että suomalaisessa koulumaailmassa ongelmia rakentuu oikeastaan sen ympärille, että opettajien ammattitaito on meillä kansainvälisestikin vertaillen hyvin korkealla tasolla. Kasvatustieteilijät ymmärtävät opettamisen lisäksi ihmisenä kasvamisen lainalaisuudet ja heittäytyvät hankaliksi, jos näistä reunaehdoista lähdetään liiaksi joustamaan. Oikea asiantuntija ei sopeudu silloin kuin toiminta ei vastaa arvoja, vaan esittää kritiikkinsä ja perustelee sen tiedolla. Opetustyö olisi monin verroin helpompaa, kun näyttäisi vain peukkua lastensuojeluilmoituksen sijaan. Olennainen ongelma tässä ajassa on, että lapsuudessa korostuvat haasteet janoavat nyt aikuisten aikaa, joka on taas työnantajanäkökulmasta ylivoimaisesti kallein mahdollinen resurssi. Ammattilainen ymmärtää, että aikuisen aikaa ei voi korvata millään muilla tempuilla ja yrittää mahdottomassakin tilanteessa venyä oppilaidensa tarpeiden edessä. Tämä johtaa kasvatusalan ammattilaisten laajamittaiseen uupumiseen, joka on sekin jo tilastollinen tosiasia. Kääntäen aidosti ammattitaidoton henkilökunta voisi paljon helpommin sivuuttaa asiat hyväksymällä vallitsevan todellisuuden sellaisenaan ja kokea olevansa puhtaasti vain ongelmien ulkopuolinen työntekijä ilman henkilökohtaista velvollisuutta tai tunnontuskia pyrkiä vaikuttamaan asioihin. Kestäviin arvoihin ja tietoon pohjaavalle päätöksenteolle on olemassa nimikin. Se on ammattiylpeys.

6. Kännykät ja digitalisaatio

Ennen mobiilaitteiden aikaa puhuttiin paljon peruskoululaisten tietokone- ja konsolipelien pelaamisesta, niiden viemästä ajasta ja addiktoivuudesta sekä passivoivuudesta. Älypuhelin on tuonut meille uuden laitteen, joka soveltuu kaiken muun ohella myös pelaamiseen. Keskeinen ero on se, että pelaaminenkaan ei ole enää tietokoneiden ja konsolien tapaan aikaan ja paikkaan sidottua. Peruskoululaisella on siis ainakin teoreettinen mahdollisuus lipsua pelaamaan myös koulupäiviensä aikana. Jos älypuhelimet pilaisivat poikkeuksetta peruskoululaisten elämän, ne olisivat varmasti kokonaan kiellettyjä. Samalla kun moni peruskoululainen kokee elämässään ja arjenhallinnassaan suuria vaikeuksia puhelimien vuoksi, pärjää moni nuori elämässään myös ihan hyvin puhelimista huolimatta. On liiallinen pelkistys sanoa, että kaikki koulujen ongelmat johtuvat puhelimista, mutta niillä näyttää kuitenkin olevan kiistaton vaikutus lasten ja nuorten ongelmien syventymisessä silloin, kun elämän muut peruspilarit eivät ole kunnossa. Kun puhelin korvaa ajallisesti perheen ja muut merkitykselliset ihmissuhteet sekä kouluun, mielekkäisiin harrastuksiin ja riittävään uneen tarvittavan ajan, ei tarvitse olla Nostradamus ennustaakseen, että ongelmia on tulossa.

Tosiasia on kuitenkin se, että me aikuiset ostamme jokaisen älypuhelimen ja niihin tarvittavan liittymän sekä luovutamme ne lapsillemme käyttöön. Aikuisten olisi tänä päivänä helppo rajata teknisesti lastensa puhelinaikaa sekä määrällisesti että kellonaikojen kannalta. Tältä pohjalta aikuisten jatkuva päivittely puhelimista koulujen ongelmana, ei tunnu kovin rehelliseltä puheelta. Vaikeuskerrointa lisää se, että aikuisten olisi omalla esimerkillään ja ajallaan luotava lapselle ja nuorelle mielekkäitä vaihtoehtoja puhelimen rinnalle. Muussa tapauksessa puhelinajasta tulee helposti vain väärällä tavalla latautunut vallankäytön väline lapsen ja aikuisen välisiin suhteisiin.

7. Opetussuunnitelma

Kun lapset ja nuoret eivät opi, syyllistä on helppo etsiä myös opetussuunnitelmista. Päättely on melko looginen: jos lopputulos on susi, suunnitelman täytyy olla huono. Kuten opettajan työ, myös opetussuunnitelmat ovat alisteisia olosuhteille. Kun viimeisintä perusopetuksen opetussuunnitelmaa tehtiin 2010-luvulla, ei varmasti osattu arvata, kuinka suureksi lasten ja nuorten mielenterveyteen liittyvä oireilu kasvaa 2020-luvulla. Opetussuunnitelmaa ei takuulla ole kirjoitettu sillä ajatuksella, että joku opettaja lähtisi toteuttamaan laajasti avoimia oppimisympäristöjä tai itseohjautuvia opiskelukäytäntöjä vaikeissa olosuhteissa. Melko tavanomaisessa tilanteessahan pitää nykyään hallita yksinään suurta ja tuentarpeiltaan laajalle eriytynyttä opetusryhmää. Mielestäni opettajan ammattitaitoa on olla tietoinen suunnitelmista, mutta normiluonteestaan huolimatta, opetussuunnitelmia ei ole kenenkään tarpeen lukea oppilaidensa vahingoksi. Eivätkä koulutuksen ammattilaiset pääsääntöisesti myöskään näin tee. Ihmiset vain ovat nälkäisiä konkreettisille ja tarkkarajaisille selityksille. Viimeisten Pisa-tulosten jälkeen Opetushallitusta vaadittiin julkisuudessa lähestulkoon myöntämään, että kaikki peruskoulujen ongelmat johtuvat huonosta opetussuunnitelmasta. Opetushallitus myönsi suunnitelmiensa tarkastelun tarpeen, mutta luetteli vastauksessaan myös totuudenmukaisesti joukon yhteiskunnallisia syitä sille, mikä tuottaa tällä hetkellä merkittäviä vaikeuksia lasten ja nuorten oppimiselle peruskoulussa. Tälle vastaukselle tietysti melko laajalti buuattiin, koska ihmisten on vaikea hyväksyä ongelmien moniulotteista luonnetta.

8. Maahanmuutto

Maahanmuuttajuus on asia, josta eniten mielipiteitä on usein juuri niillä ihmisillä, jotka eivät ole itse työskennelleet monikulttuurisessa ympäristössä päivääkään. Itse olen tehnyt koko työurani monikulttuurisessa koulussa. Lapset ovat kaikki aivan samanlaisia lapsia kulttuuriin, kieleen tai uskontoon katsomatta. Jos suomalainen lapsi muuttaa Kaukoitään ja alkaa käydä siellä koulua kielellä, jota ei osaa sanaakaan, hän tarvitsee enemmän paikallisen opettajan tukea ja aikaa oppiakseen kuin kyseiseen kulttuuriin syntynyt lapsi, joka puhuu paikallista kieltä äidinkielenään. Toisinpäin ilmiö toimii täsmälleen samalla tavalla. On selvää, että koulut, joissa on paljon maahanmuuttajataustaisia lapsia, tarvitsevat hieman enemmän resursseja. Toisaalta ei kuitenkaan mitään muuta. Kun on enemmän aikuisia, maahanmuuttajuus ei ole toisilta pois, vaan kaikki oppilaat hyötyvät. Kun huolehditaan kaikkien koulujen yhdenvertaisista toimintamahdollisuuksista, eivät lapset tarvitse muuta kotouttamistyötä. Hyvät ja yhdenvertaiset opiskelumahdollisuudet tarjoava peruskoulu on taloudellisin ja paras mahdollinen kotouttava elementti yhteiskunnassa.

101

9. Inkluusio

Koulujen arkikielessä inkluusio on alkanut tarkoittaa tukea tarvitsevan oppilaan opiskelua normaalin luokan mukana ilman tarvittavaa lisätukea, vaikka alun perin tarkoituksena onkin ollut integroitua isoon ryhmään oppilaan valmiudet huomioon ottaen ja riittävällä tuella. Asia on varmasti suurin yksittäinen opettajia kuormittava tekijä tällä hetkellä. Se ajaa myös yhä enemmän opettajia pois alalta. Tilanteesta seuraa haittaa sekä opetukselle että opettajien jaksamiselle, mutta aivan yksi yhteen ei inkluusiokaan ole, kun puhutaan kaikista peruskoulun ongelmista. Kolikon toinen puoli on keskiverto-oppilaiden oppimisvalmiuksien heikkeneminen, joka yhdessä vaativampaa tukea vaativien oppilaiden integroinnin kanssa isoihin ryhmiin tekee yhtälöstä usein mahdottoman. Joskus inkluusio on paras tapa toteuttaa jonkun oppilaan opetus, mutta myös ihan oikeita pienryhmiä tarvitaan edelleen. Lainsäädännössä eniten asetuksia kaipaa maininta: "Oppilas on oikeutettu tarvitsemaansa tukeen". Käytäntö on osoittanut, että ilman tarkennuksia edellinen voi tarkoittaa ihan mitä tahansa. Perusasia on kuitenkin tämä: jos emme puutu siihen, miten lapsuus tällä hetkellä yhteiskunnassamme rakentuu, opetuksen tuen järjestämistavoilla ei ole tulevaisuudessa kovinkaan suurta merkitystä. Emme pysty millään tavoilla järjestämään nykytahdilla koulupäiviin niin paljon tukea kuin sitä tarvittaisiin, eikä se ole Opetushallituksen tai kuntien syy. Lainsäätäjä ei tietenkään ole tarkoittanut, että inkluusio voisi toimia vajavaisin resurssein. Kunnilla taas ei ole mitään realistisia mahdollisuuksia järjestää inkluusion ideologiaa kannattelevia resursseja tai riittävää määrää pienryhmiä. Mainittakoon varmuudeksi taas kertaalleen: on tullut korkea aika siirtyä korjaavista toimenpiteistä ennakoivien toimenpiteiden puolelle.

10. Korona

Olin viimeiset kuukauteni luokanopettajana silloin, kun koulut olivat suljettuina koronan vuoksi. Toisin kuin julkisuudessa on useaan kertaan toistettu, en havainnut, että lyhyestä etäkoulusta olisi syntynyt isoja oppimisvajeita tai merkittävää koulupudokkuutta. Enemmänkin kokemuksekseni jäi, että koulut suoriutuivat puolentoista päivän varoitusajalla aloitetusta etäkoulusta vähintäänkin hyvin. Toki moni oppi etäkoulun pitämisestä tuli kantapään kautta, mutta tämä oli varmasti myös oletettavissa. Itselleni jäi vahvasti tunne, että monet jo ennen koronaa voimakkaassa kasvussa olleet oppilaiden haasteet tulivat koronan takia vain julkisesti näkyviin. Tästä huolimatta monet asiat laitettiin, tai tulkittiin, tuolloin vahvasti "koronan piikkiin." Kouluille tilanne toki sopi, koska resursseista oli huutava pula ja korona-aikaa alettiin kompensoida kouluille massiivisella valtion määräaikaisella lisärahoituksella. Nyt rahoitus on jo päättynyt, ja tämänkin asian uskaltaa ääneen sanoa.

Peruskoulun mahdollisuudet

Hyvät lähtökohdat

Pohdin aluksi suomalaisen peruskoulun mahdollisuuksia tulevaisuudessa yleisellä tasolla, minkä jälkeen aloitan varsinaisten toimintaedellytysten yksityiskohtaisemman avaamisen. Kun yhteiskunnissa halutaan muutosta, kääntyvät katseet aina ensimmäisenä peruskouluihin. Koulutus on mahtava muutosvoima, jonka vapaus on samalla tavalla kriittistä ja tärkeää vapaalle yhteiskunnalle kuin tiedotusvälineidenkin vapaus. Kun kansanvallasta siirrytään kohti diktatuuria, nämä instituutiot otetaan aina ensimmäisten joukossa vallanpitäjien haltuun ja valvontaan.

Intressiristiriidat eri väestönosien välillä kasvavat maailmassa, ja jopa Suomen kaltaisessa yhteiskunnassa on oltava hereillä, jotta kasvatusta ja koulutusta koskeva päätöksenteko ei pääse liiaksi politisoitumaan. Siksi on syytä turvata yliopistojen vapautta ja vaalia korkeinta sivistyksellistä ja kasvatuksellista osaamista päätöksenteon kivijalkana. Meillä on Suomessa kansainvälisesti vertaillen erinomainen ja pitkälle kehitetty koko kansan koulutusjärjestelmä, jota pyörittävät ainutlaatuisen korkeasti koulutetut kasvatuksen ja opetuksen ammattilaiset. Meillä on erinomaiset lähtökohdat, mahdollisuudet ja useisiin valtioihin hieman etumatkaakin, kunhan päätämme tehdä nyt oikeita asioita. Henkilökohtaisesti olen sitä mieltä, että esimerkiksi Pisa-menestys Suomen koulutuspolitiikkaa ohjaavana tavoitteena on syytä painaa nyt hieman taka-alalle. Se on oikeastaan vain tuijottamista menneisyyteen nykyisyyden ja tulevaisuuden kustannuksella. Helposti käykin niin, että alamme lasten ja nuorten hyvinvoinnin sijasta keskittyä vain menestymiseen jossain oppimisvertailuissa. Tätä varten nostamme sitten työkalupakista esiin tilanteeseen soveltuvia puusilmäisiä ratkaisuja, kuten: "Samaa kuin nyt, mutta enemmän ja lujemmin". Pieleenhän se menee. Aikanaan tuli menestystä, kun pyrimme rakentamaan "pitkäjänteisesti ja paremmin" arvoilleen uskollista pohjoismaista hyvinvointivaltiota. Kehitimme terveydenhuoltoa ja koulutusjärjestelmää sekä panostimme lasten ja nuorten hyvinvointiin. Pisa-menestys tuli jossain vaiheessa kirsikaksi kakun päälle, vaikka se tuskin olikaan alun perin mikään toimintaa ohjaava tavoite. Nyt vanha, pohjoismainen hyvinvointijärjestelmämme rakoilee ja joudumme keksimään sen edellytykset uudelleen. Kuten viimeksikin, hyviä tuloksia kyllä tulee aikanaan, kun teemme oikeita asioita kilpailemisen sijaan.

Globaali talous ja kaiken verkottuminen internetin välityksellä ajaa meitä kiihtyvällä vauhdilla eräänlaiseen maailman yhtenäiskulttuuriin. Yhteiset markkinat luovat nopeasti vaihtuvia ilmiösyklejä, jotka tuottavat meille liukuhihnalla pinnallisia arvoja. Suomalaisina olemme suhteellisen pieni kansa syrjäisellä sijainnilla. Pärjätäksemme tulevaisuudessa, emme voi menestyksekkäästi tuottaa sellaisia asioita, joihin monissa verrokkivaltioissa on jo luonnostaan paremmat edellytykset. Mitä sellaista Suomella on tarjota, jolle muualla maailmassa on 20 vuoden päästä kovaa kysyntää? Näyttää siltä, että ilmastonmuutos, liikakansoitus, epävakaat olot ja ihmisten fyysinen sekä psyykkinen terveys haastavat tulevaisuuden maailmaa. Koska poikkeamme monen edellä mainitunkin asian osalta valtavirrasta, tullee Suomen asema ainakin kansainvälisenä matkailukohteena nousemaan lähivuosikymmeninä. Mielelläni näkisin kuitenkin Suomen olevan tulevaisuudessa jotain muutakin kuin pelkkä turistikohde.

Sääntelyn, sääntöjen, suositusten ja niihin liittyvän kuuliaisuuden osalta olemme todella melko poikkeuksellinen paikka maailmassa. Mitä jos esimerkiksi kekseliään alkoholilainsäädännön ohella käyttäisimmekin tätä vahvuutta julkeasti hyväksemme? Panostaisimme sen avulla seuraavat vuosikymmenet lasten ja nuorten hyvinvointiin enemmän kuin yksikään muu maa maailmassa. Luulen, että terveys ja onnellisuus tulevat luonnon ja ympäristön olosuhteiden lisäksi olemaan todella rajuja valtteja tulevaisuuden maailmassa. Tämä siis lisähuomiona niille, jotka eivät pelkästään inhimillisistä näkökulmista koe edellisiä asioita riittävän tärkeiksi. Samaa jatkaen, hyvin hoidettu sukupolvi on todellinen tulevaisuuden investointi, joka voi tuoda hyvinvointia vuosisadaksi eteenpäin. Menetetyn sukupolven hinta on todennäköisesti taas juuri päinvastainen. Suoria ihmisen hyvinvointiin panostamisen positiivisia seurauksia inhimillisten tekijöiden lisäksi ovat muun muassa matalammat terveydenhuolto- ja sosiaalikulut sekä parempi huoltosuhde työllisyyden ja syntyvyyden kautta. Eivätkö juuri korkea koulutus ja hyvinvointi ole oikeastaan ainoita tekijöitä, jotka lopulta ennustavat koko kansantaloutta ruokkivia menestystarinoita? Moni sanoo, että meillä ei ole varaa nykyiseen hyvinvointiimme eikä tulevaisuudessa edes murto-osaan siitä. Jatkuvasti toistellaan myös sitä, että tarvitsemme merkittäviä innovaatioita ja ulkopuolisia investointeja. En ala väitellä tästä talousviisaiden kanssa, mutta meillä ei myöskään ole miltään osin varaa nykyistä huonovointisempaan yhteiskuntaan. Haluan, että teemme tässä ajassa sellaisia arvovalintoja, että tulevaisuutemme ei olisi pelkästään muiden ihmisten ja kansojen armeliaisuuden varassa. Tämä edellyttää sitä, että teemme omat arvovalintamme paremmin kuin suurin osa valtioista. Talouden armottomassa nollasummapelissä tämä tarkoittaa

108

todennäköisesti myös sitä, että luovumme tavoittelemiemme korkeampien arvojen vuoksi jostain sellaisesta, josta muut eivät keksi, uskalla, tai pysty luopumaan. Suomalaiselle hulluudelle voisi siis olla tulevaisuudenkin näkökulmasta jälleen käyttöä!

Tulevaisuuden koulu ja päätöksenteko

Tulevaisuuden koulun tulisi heijastaa tahtotilaamme yhteiskuntana. Demokratiassa tämä kollektiivinen halu realisoituu päätöksentekojärjestelmän kautta, mutta jos näin ei enää tapahdu, on aika ajanut järjestelmän ohi. Nykyisen järjestelmän perustavanlaatuisia heikkouksia ovat vaalien irtautuminen todellisuudesta ja kulloinkin vallassa olevan blokin heikko edustavuus kansan tahtoon nähden.

Inhimillisyyteen pohjaavan sivistyksen arvopohjan mureneminen ja henkisesti tyhjä elämäntapamme ovat muuttaneet demokratioissa toteutettavat vaalit markkinoiksi. Puolueiden kansakunnan etuun tähtäävät tavoitteet ovat joutaneet roskakoriin kapeampien agendojen tieltä. Nyt tärkeää ovat näkyvyys ja nopeasti rakennetut mielikuvat monikanavaisessa mediassa. Äänet eivät usein mene ihmisarvoa kunnioittavalle ja poliittisen päätöksenteon elämäntehtäväkseen tuntevalle valtiotieteilijälle. Ääniä kerätäkseen puolue tarvitsee mieluummin henkilön, joka on pieraissut väärässä kohdassa television suosituussa parisuhderealityssa ja saavuttanut maineteollaan 100 000 seuraajaa somessa. Jokaisella ihmisellä on sinällään arvokkaita mielipiteitä, mutta valtiotason päätöksenteossa tarvittaisiin välillä myös kokonaisvaltaista ja epäitsekästä näkemystä, jota yhä harvemmalla ääniharavalla on.

Asiapolitiikan kuolema on luonut loistavat olosuhteet populismille, johon käytännössä kaikki suuret poliittiset puolueet ovat jo pakotettuja turvautumaan. Populismilla tehdään inhottavan moniulotteisin asioihin todellisuudelle vieraita kyllä-ei-jaotteluita ja haastetaan toisia puolueita äänestäjistä. Äänien kalasteluun pohjaavien jyrkkien vastakkainasettelujen seurauksena sopuisan hallituspohjan muodostaminen on yhä vaikeampaa. Lopputuloksena muodostuu hallituksia, joiden tosiasiallinen kannatus jää helposti alle puoleen äänioikeutetuista. Merkittävä tekijä ovatkin heikoiksi jäävät äänestysprosentit, joilla monet äänestämättä jättävät käytännössä ilmaisevat epäluottamuksensa todellisuudesta vieraantunutta päätöksentekojärjestelmää vastaan. Vastakkainasettelut luovat yhä pahempia ongelmia esimerkiksi työmarkkinoille, koska neuvottelu ei kuulu riitelystä voimansa lataavaan populistiseen retoriikkaan. Vaalien jälkeinen ja vaaleja edeltävä aika kärjistävät umpisolmuja ja lyhentävät jatkuvasti tosiasialliseen päätöksentekoon jäävää aikaikkunaa. Kamppailu saavutetusta ja tulevasta poliittisesta vallasta vie pahimmillaan jo suurimman osan vaalikaudesta.

Silmiinpistävää on poliittisen vallan haalimisen takana näyttäytyvät motiivit, joissa loistaa poissaolollaan yhteiskuntarauhan vaaliminen, vaikka se olisi oikeastaan yksi valtiovallan keskeisimmistä tehtävistä.

Koen politiikan aiheena melko hankalaksi, mutta juuri tämän verran siitä on pakko kirjoittaa. Näin tulee näkyväksi sen mekanismien kriittinen rooli, kun tulevaisuuden peruskouluakin kehitetään. Meillä on onneksi demokratian turvana vielä asiansa tuntevia virkamiehiä, jotka tekevät pitkän tähtäimen ylivaalikautista työtä korkealla asiantuntijuudella. Uhkana on kuitenkin se, että käytännössä koulujärjestelmämme ohjaus lipeää yhä enemmän vallasta viehättyneille poliitikoille, joiden "ylivertaisuus" ei lyhyiden valtakausien aikana asiantuntijoita kaipaa. Pari vuotta vallassa on liian lyhyt aika perehtyä tai pohtia vaikutusarvioita mihinkään tai kehenkään. Jos virkamiesten työ ei miellytä poliittista agendaa, voi aina säätää pari mustavalkoista lakia ja ohjata toimintaa rahoituksen puutteella. Tällöin tekstit jäävät elämään omaa elämäänsä. Todellisuus on jotain muuta ja ponnistaa kulloinkin vallassa olevan poliittisen blokin arvoista tai suoranaisesta arvottomuudesta.

Uskon, että kaikista näistä syistä olemme saapumassa uuden aikakauden reunalle, jossa ihmisten toteuttama demokratia nykymuodossaan tulee tiensä päähän. Se ei enää toteuta keskeisintä tehtäväänsä: yhteiskuntarauhan takeena olevaa kansan kollektiivista tahtoa. Kumman perusteella päivän politiikkaa tällä hetkellä maailmassa enemmän tehdään: yksisilmäisellä populismilla vai moniulotteisella kaikki yhteiskunnan tasot huomioivalla objektiivisella analyysilla?

Suomi kerää vuosittain veroja pitkälti yli 100 000 miljoonaa euroa ja kuten tiedetään, tämä raha ei edes riitä, vaan otamme lisäksi uutta velkaa tuhansia miljoonia euroja. Suomessa asuu noin 5,6 miljoonaa ihmistä, eli tarvitsemme vuosittain maan pyörittämiseen kutakuinkin 20 000 euroa jokaista suomalaista kohden. Tämäkään määrä ei silti enää riitä kaikilta osin laadukkaisiin peruspalveluihin. Tässä syyllistyn itsekin puhuttelevuuden nimissä tahallisesti populistisen mielikuvan luomiseen. Luvut ovat suunnilleen oikein, mutta kun valtion keltainen kirja avataan, huomataan tietysti, että hyvinvointivaltion pitäminen on erittäin monimutkaista ja ristivetoista hommaa. Ei käy vähääkään kateeksi poliitikkoja.

Itseäni kiinnostava ajatus on se, että mitä tapahtuisi, jos jokin tunteeton ja poliittisesti sitoutumaton kone ajaisi tuhansien ristikkäisten muuttujien datan läpi tavoitteenaan inhimillisen tasa-arvon ja oikeudenmukaisuuden tasajako yhteiskunnassa. Vielä vuosi sitten olisin pitänyt tällaista ajatustakin naurettavana, mutta nyt pidän sitä jo paljon todennäköisempänä. Puhutaan tietenkin tekoälystä, joka näyttää sittenkin pystymään asioihin, joihin sen ei pitänyt koskaan pystyä.

Rahan valta ja moderni orjuus ovat ajaneet ihmisjohtoisen demokratian päätöksenteon osin kaaokseen ja tehneet meistä myös arvojemme suhteen melko joustavia. Pukkeina kaalimaalla olemme valmiita unohtamaan kohtuuden, jotta pystyisimme ostamaan ainakin itsemme ja läheisemme vapaaksi vaaralliseksi muuttuneelta lapsuudelta, aikuisuudelta, vanhuudelta ja työelämältä. Entäpä jos tekoäly päivittäisi reaaliajassa esimerkiksi sitä, millaisia ihmisiä meidän tulee juuri nyt kouluttaa ja kuinka paljon, jotta optimaalinen tasapaino yhteiskunnassa toteutuisi? Mitkä ovat ne "riippumattomat" rakenteet, joilla esimerkiksi tätä asiaa tällä hetkellä ohjataan ja keiden eduksi?

Tekoälyn kyky yhdistellä massiivista määrää dataa ja muuttujia sekä tuottaa tältä pohjalta ennusteita ja vaihtoehtoja poliittisen päätöksenteon tueksi tullee lyömään objektiivisuudessa ja tarkkuudessa läpi monet ihmisen korruptoimat mallit. Olisiko tulevaisuuden toimintamalli sellainen, jossa ministeriöt hallinnoivat tekoälyä, joka tuottaa edelleen valittujen arvojen pohjalta toteutuskelpoisia skenaarioita poliitikoille? Ajatus siitä, että tekoäly osallistuisi tällä tavalla käytännössä päätöksentekoon, kuulostaa toki monen korvaan umpihullulta horinalta, mutta nostan sen esiin, koska olen ennen kaikkea realisti. Olemme tehneet päätöksen käyttää tulevaisuuden työelämässä laajasti hyväksemme tekoälyä, jonka vuoksi on päivän selvää, että sen käyttö tulee yleistymään myös politiikassa. Tälläkin hetkellä käytämme politiikassa täysin samoja työkaluja kuin muuallakin työelämässä.

Mikä on nykyisen päätöksentekojärjestelmämme kyky vastata nykyisiin ja lähitulevaisuuden haasteisiin? Meneillään oleva terveydenhuollon kriisi tarjoaa meille tuoreeltaan hyvän referenssin siitä, millainen on sitä todennäköisimmin hyvin pian seuraava koulutuksen kriisi. Molemmissa on taustalla rakenteellisia haasteita, mutta myös suuria elämäntapamme tuottamia lisähaasteita. Merkittävimpiä rakenteellisia muutoksia ovat ikärakenteen ja syntyvyyden jyrkät muutokset sekä niiden alueelliset erot. Rakenteelliset tekijät olisivat kriisiyttäneet yhteiskuntamme järjestelmätasolla joka tapauksessa, vaikka kaikki olisikin muuten hyvin. Viime vuodet on jo aktiivisesti rimpuiltu terveydenhuollon muutosten kanssa, ja koulutuspuoli tulee hyvin pian mukaan. Helposti käy niin, että laitamme kaiken negatiivisen kehityksen aina uudistusten piikkiin, vaikka rakennemuutoksessa on kysymys paljon muustakin. Uudistuksen toteuttamisessa on toki haasteita, koska poliittisia päättäjiä, ihmisiä ja vastakkaisia intressejä on uusissakin rakenteissa paljon. Ihmiset ovat puolestaan näinä aikoina syystäkin erityisen alttiita toimimaan oman etunsa mukaisesti. Ilman puolueetonta objektiivista tilannekuvaa, näytämme olevan kahden poliittisen blokin armoilla. Toinen pyrkii vetämään kulujen kasvulle keinotekoisen katon ja hautaamaan muun muassa väitteisiin järjestelmän tehottomuudesta sen tosiasian, että käytännössä rajan vetäminen tarkoittaa myös aina palvelutason rajua leikkaamista. Toisella blokilla tuntuu taas olevan vaikeuksia myöntää se, että ilman suuria muutoksia vanhankaltainen palvelutaso on täysin tuhoon tuomittu. Muutosten tosiasiallisten vaikutusten hahmottamista ei helpota se, että valitsemamme tapa elää kuormittaa järjestelmätason kriisin lisäksi ennen näkemättömällä tavalla mielenterveyspalveluja, lisää elintasosairauksia sekä heikentää työikäisten työ- ja toimintakykyä eli heikkoa huoltosuhdetta entisestään. Tästä muodostuukin koko julkisen talouden kriisiin aivan uusi syvyys.

Koulupuolella suurin rakenteellinen muutos on syntyvyys. Peruskoulujärjestelmämme on rakennettu noin 60 000 oppilaan ikäluokille. Syntyvyys on laskenut vuodesta 2010 lähtien jyrkästi ja lähestyy nyt 40 000 syntyneen rajaa, joka olisi jo itse asiassa alittunutkin ilman maahanmuuttoa. Peruskoulujen rahoitus perustuu melko suorasti oppilasmääriin, mikä tarkoittaa käytännössä sitä, että opetushenkilökuntaa ja koulukiinteistöjä on pyrittävä vähentämään pian samassa tahdissa kutistuvien ikäluokkien kanssa. Mitään sopeutumisaikaa tehdä arvokkaita ja harkittuja valintoja ei näytä olevan tulossa. Oppilaiden määrä vähenee, mutta toisaalta yhä useampi lapsi ja nuori tarvitsee vahvaa tukea ja henkilökohtaisia aikuisia pystyäkseen käymään koulua. Kokonaisuutena näyttääkin siltä, että nykyisillä muuttujilla tulemme ajamaan peruskouluissa melko pian kovaa päin seinää. Koulun kanslian tasolta on jo helppo ymmärtää, että pidemmän päälle pelkällä rahalla oppilaiden haasteita ei enää pysty tai ole edes järkevää yrittää ratkaista. Ei ole mitään mieltä siinä, että ensin elämme itsemme sairaiksi ja sitten verotamme itsemme kipeiksi, jotta huomaamme, että meillä ei ole varaa ostaa menettämäämme terveyttä takaisin. Raha ei myöskään tuo ainoatakaan ongelmien lopullisesti mukanaan viemää ihmistä takaisin.

Ajatus tekoälystä blokkiutuneen päätöksenteon oikaisijana ei tietysti ole ongelmaton, koska ihmistä tarvitaan aina esittämään tekoälylle kysymykset ja tulkitsemaan, mitä tekoälyn tuottamilla vastauksilla tehdään. Olisiko tulevaisuuden poliittinen valta sitten sen ennakointia, millaisilla kysymyksillä voitaisiin saada omia poliittisia näkemyksiä tukevia vastauksia, kuka kysymykset saisi esittää ja miten tekoälyn tuottamaa tietoa voitaisiin lopulta tulkita oman poliittisen aatemaailman eduksi? Läpinäkyvyys ja kansan mielipiteiden edustavuus nykytilanteeseen verraten voisivat kuitenkin parantaa demokratiaa. Samalla rakenteellinen korruptio sekä omien viiteryhmien etujen ajaminen toisten kustannuksella voisi hankaloitua.

Oppiminen ja opettaminen tulevaisuuden koulussa

Oppiminen ylipäätään voidaan typistää yhteen sanaan, joka on motivaatio. Ilman motivaatiota ei tapahdu oppimista, tai jos tapahtuukin, niin hyvin tehottomasti. Itsestään selvä asia, kuten sekin, että sisäinen motivaatio peittoaa aina ulkoisen motivaation. Jos kuitenkin olisi saanut aina euron, kun näkee opetusalalla jonkun uudistuksen, joka oikeastaan sivuuttaa oppijan motivaation merkityksen, olisi varmasti tienannut ainakin enemmän kuin tukiopetustunteja pitämällä.

Uuden aikakauden kynnyksellä ei ole helppoa määritellä sitä, mitä kouluissa pitäisi opiskella ja kuinka paljon. Se on kuitenkin tehtävä ja vielä sillä tavalla, että se puhuttelee oppilaita. On lopulta aivan yksi hailea, jos jokin opetussuunnitelmakomitea näkee asian tärkeäksi istunnossaan, mutta asian tärkeys ei välity millään tavalla oppilaalle saakka. Tuntikehys eli se, kuinka paljon mitäkin oppiainetta kullakin vuosiluokalla opiskellaan, on hyvä esimerkki tikanheitosta, jossa oppilaiden motivaatio tuntuu välillä olevan ihan sivuseikka. Kun on tullut vähän lunta tupaan Pisa-vertailuissa, lähdetään heti lisäilemään tunteja sinne tänne pitkin tuntikehystä ja toivotaan parasta. Jos viikossa on esimerkiksi viisi tuntia matematiikkaa ja oppilaan taidot jäävät heikoiksi pääasiallisesti sen vuoksi, että oppilas ei ole riittävän motivoitunut tai edes paikalla koulussa kuin yhdellä oppitunnilla viikossa, käyrä ei kääntyne tehokkaasti nousuun sillä, että lisätään valtakunnalliseen tuntikehykseen kuudes tunti matematiikkaa. En sano, että lisätunti menisi kokonaan hukkaan, mutta pahimmillaan kyseessä on aika rajun hintainen hukkainvestointi.

Suuressa yhteiskunnallisessa murroksessa koulu ei enää pysty vakuuttamaan oppilaitaan vanhoin perusteluin. Koulunkäynti on tulevaisuudessakin tärkeää, mutta traditionaaliset sankaritarinat ulkolukukilpailujen tuottamista menestyjistä eivät enää toimi. Tämän päivän työelämä näyttäytyy nuorille monella tavalla mahdollisuuksien umpikujana, ja harva on valmis ponnistelemaan, jos ei näköpiirissä ole riittävää tarkoitusta.

Tarvitsemme uuden tarinan ja uudet päämäärät. Yksi motivoiva ja tarkoituksen luova lähtöpiste voisi olla edellisten sukupolvien virheiden ymmärtäminen ja korjaaminen. Minkälaiset tekijät tällä hetkellä johtavat maapallolla inhimilliseen kärsimykseen: sotiin, luontokatoon, nälänhätään ja terveysongelmiin? Millaisia ovat tulevaisuuden keinot näiden haasteiden voittamiseen? Mitkä ovat ne elementit, joita tarvitaan ihmisten keskimääräiseen onnellisuuteen ja miten saavutetaan optimaalinen tasapaino ihmiskunnan toimeliaisuuden ja onnellisuuden välillä? Minkälainen voisi olla todellinen maailmankansalaisuus ja koko ihmiskunnan arvopohja, johon kaikki kansat voisivat sitoutua kulttuureihin ja uskontoihin katsomatta? Maailmassa on vielä loputtoman paljon ratkaistavaa, tehtävää, keksittävää, löydettävää ja parannettavaa. Nämä asiat ovat myös täysin tehtävissä. On luotava merkityksiä, ja sitä ei tehdä kertomalla lapsille ja nuorille, että heidän roolinsa on istua rattaiksi meidän luomaamme valmiiseen rahantekokoneistoon, jotta saadaan meille vanhemmille sukupolville lisää eläkkeitä sekä osinkoja. Kun on lapsista ja nuorista itsestään nousevia merkityksiä, on myös mahdollista alkaa nimetä asioita, joita tulevaisuuden koulussa on tarpeen opiskella. Tekoäly tulee olemaan merkittävä osa tulevaisuuden yhteiskunnan toimintaa, ja se edellyttää vahvoja matemaattisia perustaitoja ja edelleen erilaisten matemaattisten sovellusten ymmärtämistä. Näitä ovat muun muassa keskiarvot, todennäköisyydet, tilastot ja algoritminen ajattelu. Vaikka tekoäly sinällään

119

voittaa meidät nopeudessa, meillä on oltava hyvä käsitys siitä, miten tekoäly toimii, jotta pystymme kehittämään, hallitsemaan ja arvioimaan sen toimintaa. Tekoäly tullee säästämään inhimillistä suunnitteluaikaa, mutta tarvitsemme aina myös jonkun tarkistamaan tekoälyn tuottamia suunnitelmia. Tekoäly voi mahdollisesti suunnitella meille tulevaisuudessa sillan muutamassa sekunnissa, mutta tarvitsemme suunnitelmaa tarkastamaan ihmisen, joka ymmärtää prosessin niin syvällisesti, että osaisi tarvittaessa tehdä saman työn ilman koneita. Kielissä ja taiteissa meidän on pysyttävä ja päästävä yhä korkeammalle tasolle, jotta pystymme jatkossakin tekemään eron inhimillisen älyn ja keinotekoisen älyn välille sekä säilyttämään elintärkeän yhteyden omaan tunneälyymme.

Yksi nykyisen tehokkuusajattelun virheitä opiskelumotivaation näkökulmasta on taito- ja taideaineiden väheksyminen kouluissa muiden oppiaineiden kustannuksella. Jako on myös jossain määrin keinotekoinen ja jyrkkärajainen. Tarvitsemme toki matemaattisia aineita rakentaaksemme sillan, mutta myös näkemystä ja ymmärrystä estetiikasta sekä muista luonnontieteistä rakentaaksemme hyvännäköisen, rakennettuun ja ekologiseen ympäristöönsä soveltuvan sillan. Suomessa on uusimman opetussuunnitelman ajan ollut käytössä niin sanottu monialainen opintokokonaisuus, jossa on yhden vuosiviikkotunnin ajan rikottu oppiainejaottelua tarkastelemalla jotain ilmiötä yli perinteisten oppiainerajojen. Koulujärjestelmä ja yhteiskunta ovat toisiaan peilaten vielä hyvin siiloutuneita oppiaineiden ja ammattien suhteen, ja tämän vuoksi monialaisten oppimiskokonaisuuksienkin merkitys tulevaisuudelle on kouluissa jäänyt vielä vähän irralliseksi. Sinällään luokanopettajajärjestelmä mahdollistaisi jo nyt alakouluissa hyvinkin ilmiöpohjaisen opiskelun, eikä ajatus ole edes millään tavalla uusi. Se on kulkenut kouluissa eri nimillä mukana jo vuosikymmeniä. Kysymys on tällä hetkellä ehkä enemmän siitä, että oppilaiden parhaillaan rapautuvat perustaidot pitäisi saada takaisin menneiden huippuvuosien tasolle. Tämä on edellytys sille, että taitoja pystytään menestyksellisesti soveltamaan vaativampaan ilmiöopiskeluun. Nyt yritämme lähestyä uuden vuosituhannen opiskelutaitoja vähän latvasta käsin ja putoamme takaisin maahan, kun perustukset eivät olekaan kunnossa. Uskon, että tulevaisuuden työelämässä kuitenkin lisääntyvät ammatit, joissa perinteisinä pidetyt ammattirajat joustavat nykyistä enemmän. Ajatuksen tasolla tähän olisi hyvä luoda valmiuksia myös jo peruskoulussa. Olemme edelleen aika lailla kiinni siinä ajattelussa, että jos oppilasta kiinnostavat musiikki ja matematiikka, vaihtoehdot ovat sitten muusikko ja insinööri. Esimerkiksi akustiikan parissa käyttöä löytyisi kuitenkin molemmille taidoille.

Suunnittelutyön vaatiman ajan tulevaisuudessa lyhetessä, voisin esimerkiksi hyvin kuvitella, että omakotitalon sähkösuunnittelun ja asennuksen toteuttaisikin yksi ja sama henkilö, jolloin myös työntekijän oma työnkuva saattaisi olla sekä psyykkisesti että fyysisesti nykyisiä jaotteluja paremmassa tasapainossa.

Asiantuntijatöissä uskon ajatukseen yleisten korkeakoulututkintojen lisääntymisestä nykyiseen verrattuna. Tämä perustuu ajatukseen siitä, että monet ammatit olisivat myös täysin työssä opittavissa. Tärkeimpiä elementtejä ovat oma persoona, arvot ja vuorovaikutustaidot sekä niiden soveltuvuus omaan työtehtävään. Myös toisinpäin ajatellen nykyinen ajatuksemme osaamisesta on kapea. Vaikka jokin tarkkaan määritelty pohjakoulutus tuo pätevyyden toimia juuri tietyssä ammatissa, se ei käytännössä toteudu ilman tehtävään soveltuvaa persoonaa, arvoja ja vuorovaikutustaitoja. Jos esimerkiksi oma persoona ei sovellu juuri opiskeltuun ammattiin, on aivan älytön ajatus, että tarvitaan ihan kokonaan uusi korkeakoulututkinto, jotta on mahdollista toimia toisella alalla.

Tulevaisuuden koulu ja oppimisen tuki

Oppimisen tuesta on tullut niin suuri osa peruskoulua, että sitä on käsiteltävä ihan omana kappaleenaan. Peruskoulun oppilaiden tehostetun ja erityisen tuen tarve on kasvanut lineaarisesti viimeiset 15 vuotta. Jos kasvu jatkuu samaa rataa, voisi vuonna 2040 tukea tarvitsevien oppilaiden osuus vuoden 2024 määrittelyllä olla jo 40 prosenttia kaikista oppilaista. Tällä hetkellä liikutaan 25 prosentin tienoilla, eli oppilaiden tukemisesta on tullut yksi peruskoulun keskeisimmistä tehtävistä. Periaatteessa oppilaiden tukeminen on kouluissa ja sanatasollakin erittäin myönteinen asia. Haasteiden skaala lukujen sisällä on valtava, mutta kaikki edelliset ovat kuitenkin sellaisia oppilaita, joille koulussa jo yleisesti tarjolla oleva tuki ei ole riittänyt. Opetusta on Suomessa viime vuosina sorvattu paljon siihen suuntaan, että se olisi jo lähtökohtaisesti mahdollisimman hyvin erilaisia oppilailla olevia haasteita huomioivaa ja tukevaa. Kuten aiemmin totesin, kouluissa ei siis todella ole kädet taskuissa katseltu kehitystä, vaan käyty myös aktiivisesti toimeen. Tuen tarpeen luvut eivät kuitenkaan näytä "totelleen" tehtyä työtä ja täytyy tehdä johtopäätös, että juoksemme kilpaa haasteiden määrällisen kasvun kanssa.

Opettajia on viime vuosina koulutettu paljon oppilaiden haasteiden tukemisessa. Erilaisten oppilaiden tukemiseen tähtäävien koulutusten

123

paatosta kuunnellessaan ei voi aina vain välttyä ärsytykseltä, jos rivien väliin on leivottu ajatus, että koulut eivät osaa tai tee oppilaiden tukemiseksi mitään tai että oppilaiden tuen tarve olisi kouluille ja opettajille jotenkin uusi ja tuntematon asia. Ihan tuntemattomaksi tilanne ei ole voinut opettajana jäädä, jos sen kanssa on viimeiset 15 vuotta tehnyt joka päivä töitä ja pyrkinyt samalla luonnollisesti koko ajan parantamaan oppilaidensa oppimisen edellytyksiä. Kiistattomista panostuksista huolimatta ei asiassa silti toistaiseksi näy nopeaa ulospääsyä. Moni kymmenen vuotta sitten tuen päätöksen saanut oppilas ei enää tänä päivänä saisi samanlaista päätöstä, tai päätöstä lainkaan. Todellisuus ja toisaalta isommat tuen tarpeet ovat muuttaneet hitaasti sitä, mitä peruskoululaiselta voidaan keskimäärin odottaa ja millaisilla haasteilla oikeus lisätukeen syntyy.

Ollaan käsitteellisestikin kipurajalla siinä, että tuentarve ei ole esiintyvyytensä vuoksi enää oikeastaan minkään sortin erityisyyttä, vaan hyvin tunnusomainen ja yleinen piirre tämän päivän peruskoululaiselle. Varmasti osin tästä syystä, muuttaa jo vuonna 2025 voimaan tuleva lainsäädäntö sitä, miten tukea tarvitsevat oppilaat peruskouluissa jatkossa määritellään. Uusi lainsäädäntö vähentää paperilla merkittävästi niiden oppilaiden määrää, jotka saavat koulussa osakseen oppilaskohtaisia tukitoimenpiteitä. Käytännössä oppilaiden tuen tarve ei tietysti tästä muutu mihinkään. Peruskoulu on kyllä todella 2000-luvulla muuttunut, nimittäin huomattavasti paremmin oppilaidensa erilaisia tuen tarpeita huomioivaksi. Kun lopputulosta katsellaan oppimistulosten valossa, on siinä dilemmaa kerrakseen. Itse näen, että kouluissa leijonan osassa ovat sellaiset tukitoimenpiteet, jotka ovat opiskelun näkökulmasta käytännössä yleisen vaatimustason eriasteista laskemista.

Usein ajatellaan, että oppilas saa koulussa lisätukea ja pääsee näin erinomaisiin tuloksiin. Useammin todellisuus on kuitenkin sitä, että rima lasketaan absoluuttiseen minimiin ja taistellaan siitä yli. Yksilötasolla kyseessä voi tällöin olla pedagogisesti ja inhimillisesti paras mahdollinen ratkaisu oppilaan tuen tarpeet ja tavoitteet yhdistäen. Autetaan näin joku vaikean elämäntilanteen yli, säilytetään itsetunto ja usko tulevaisuuteen sekä löydetään oma paikka maailmassa, jossa tarvitaan kyllä paljon muutakin kuin korkeakoulututkintoja. Iso kuva kuitenkin mietityttää. On kouluvalmiuksien puutetta, kypsymättömyyttä ja tunne-elämän haasteita, joiden vuoksi monien oppilaiden suoritusrima joudutaan säätämään suhteessa mahdollisiin kykyihin jopa naurettavan alas. Samalla murentuu sitten helposti jo paljon muutakin kuin Pisa-tulokset.

Jos jossakin lelussa on teoreettinenkin määrä haitallista maalia, vetää turvallisuus- ja kemikaalivirasto tuotteen välittömästi pois markkinoilta. Samalla periaatteella voisi todeta, että koulut on suljettava välittömästi, koska siellä syntyy kohta jo kolmasosalle oppilaista suurehkoja ongelmia. Moni hellii tätä ajatusta ja melkein toivoisin itsekin, että kysymys olisi todella kouluista, jotka kuntoon laittamalla kaikki olisi taas hyvin. Tällä hetkellä tuntuu kuitenkin, että vaikka koulujen ainoa tehtävä olisi syöttää oppilailleen suklaamunia, tarvitsisi todennäköisesti lähes sama määrä oppilaista edelleen erilaisia tukimuotoja. Joku ei tykkää suklaasta, joku vie ilman lupaa toisen suklaat, joku ei pysty rauhassa jonottamaan omia suklaamuniaan, jonkun kärsivällisyys ei riitä yllätyslelujen kokoamiseen, jollakin menee hermo, kun omasta munasta tuleekin väärä lelu jne. Puutetta on ihan perustavanlaatuisista kouluvalmiuksista ja tunnetaidoista, jotka on oltava suurimmalla osalla oppilaista kunnossa, jotta ryhmäopetukseen perustuva koulunkäynti on ylipäätään mahdollista. Tätä täytyy ihan erikseen korostaa, koska moni aikuinen on alkanut ihan aidosti ajatella, että tälle asialle olisi nykyään yleisemminkin tarjolla jokin vaihtoehto. Aivan liian monelle lapselle ja nuorelle suoranaisesti vaaditaan tällä hetkellä kouluun henkilökohtaista aikuista kulkemaan rinnalle, jotta koulua voidaan käydä. Välillä tilanne on tämä, mutta se ei muuta sitä tosiasiaa, että isossa mittakaavassa tilanne on täysin mahdoton. Eivät riitä rahat eivätkä aikuiset.

Yhteiskunnan piilo-opetussuunnitelma

Seuraavaa mielipidettä on ehkä pyydettävä jo etukäteen anteeksi, koska se on niin helppo tulkita väärällä tavalla. Mielestäni olemme kouluissa kaikessa reaktiivisuudessamme kuitenkin jo vähän sokeitakin. Opetamme tällä hetkellä oppilaille paljon muun muassa mielenterveys- ja tunnetaitoja. Näihin on saatavilla hyvät valmiit materiaalit ja osin jopa ihan omat oppikirjat. Teemoihin sisältyvät muun muassa turvataidot, syöminen, nukkuminen, liikkuminen, rentoutuminen, vuorovaikutus- ja kaveritaidot. Lista on pitkä, ja sarkastisesti voisi kai sanoa, että listalta puuttuu sentään vielä hengittäminen, vaikka sitäkin taidetaan tunnetaitojen kohdalla sivuta. Kun materiaalit tulivat ja koulutus alkoi, muistan ajatelleeni, että mahtava homma. Nyt puhutaan oikeasti tärkeistä taidoista, joissa monella lapsella on puutteita. En ole mielestäni yhtään huono opettaja, mutta jos olen nyt ihan täysin rehellinen, yliarvioin kyllä kaikkivoipaisuuteni näiden taitojen opettamisessa. Intensiivistä mielenterveys- ja tunnetaitojen opiskelua sekä harjoittelua, joka vastasi suunnilleen yhden vuosiviikkotunnin laajuista oppiainetta. Tällaisten metataitojen kehittymisen arviointi on toki vaikeaa ja positiiviset vaikutukset voivat ilmetä vasta hyvin pitkälläkin aikavälillä. Tästä huolimatta jäivät vaikuttavuus, asioiden ymmärtäminen ja ylipäätään oppilaiden motivaatio opiskella mielestäni luvattoman heikoksi. Jos oppilaalla on mielenterveys- ja tunnetaidoissaan suuria puutteita, on luonnollista, että hänelle on melko haastavaa näitäkin taitoja opettamalla opettaa. Selvää on se, että neljälläkymmenellä tunnilla ei voi korvata lapsuudessa oppimatta jääneitä taitoja. Asioille voi koulussa antaa muodon, oikeat käsitteet ja eräänlaisen herätteen olemassa olevien taitojen päälle. Mutta jos sanon, että pystyn opettamaan koulussa edelliset taidot tilanteen vaatimassa, usein haastavassakin mittakaavassa, valehtelisin.

Esimerkkinä toimii harvinainen tilanne, jossa lapsi on saapunut kouluun sellaisista olosuhteista, että hän ei ole eläissään pitänyt kynää kädessään. Hienomotorinen takamatka toisiin oppilaisiin on suuri, eikä sitä välttämättä saada koskaan kurottua kiinni. Jos lapsi ei puolestaan ole koskaan elämässään tottunut sietämään pettymyksiä, tilanne on vähän samankaltainen. Mitä jos annammekin sellaisen piiloviestin, että koulujen perustehtäviin kuuluu nykyään vahvasti mielenterveys- ja tunnetaitojen opettaminen? Aika harva vanhempi nimittäin opettaa lastaan lukemaan tai kirjoittamaankaan ennen koulua. Paljon on varmasti myös muita arjen perustaitoja, joiden kohdalla katseet voisi lähivuosina kääntää kouluun. Mielenterveys- ja tunnetaidot ovat tärkeitä asioita pohtia koulussakin, mutta realisti pitää olla ja muistaa vanha viisaus. Kun koti kasvattaa, koulu tukee, ja kun koulu opettaa, koti tukee. Jos kouluille ihan tosissaan aletaan haalia yhteiskunnallisista puutteista johtuvaa nykyistä merkittävämpää kasvatusvastuuta, sitten ei enää opeteta. Kysymys on yksinkertaisesti ajankäytöstä ja sen priorisoinnista. Tässä ajassa riskinä näyttäytyy mielestäni se, että alamme haudata ongelmiamme yhä paksummilla kirjauksilla koulujen tehtävistä. Jos alamme edellyttää kouluilta vahvaa kasvatus- ja opetusvastuuta, luonnollisena seurauksena on se, että kumpikaan tavoite ei enää toteudu.

Tulevaisuuden koulu ja kotikasvatus

Alussa puhuin aikuisten sisäsyntyisestä kyvystä kasvattaa ja siitä, että siihen ei tarvita tutkintoa tai kurssia. Vaikka asiaa kuinka pyörittelee, palaamme aina siihen, että aikuisen aikaa ja varhaislapsuuden kiintymyssuhteita ei korvaa mikään. Puhelinten aiheuttama dopamiinikoukku ja tämän tuomat haasteet keskittymiskyvylle ja aivojen kehitykselle vahvistunevat sitä mukaa kun uutta tutkimustietoa saadaan. Silti pohjimmiltaan on kyse siitä, kilpaileeko puhelinajasta lapsen kanssa kukaan. Aikuisilla ei ole joko aikaa, jaksamista tai pahimmillaan kumpaakaan. Puhelimellaan oleva lapsi on kotioloissa usein varsin vaivaton. Silloin saa itsekin aikuisena hetken rauhan vaipua oman laitteensa syövereihin. Aikanaan oltiin varmoja, että rockmusiikki pilaa lapset, sen jälkeen televisio ja edelleen tietokonepelit. Nyt syyllinen ovat kännykät, jotka ovat tietysti uudella tavalla haastavia, sillä tarjonnan laajuus on edellisiin verrattuna rajoittamaton. On fiksua rajoittaa lasten puhelinaikaa, mutta pitää olla valmiutta tarjota myös hyviä vaihtoehtoja tilalle. Yksi suuri ja yleinen puute tässä ajassa on lähivanhemman puuttuminen lasten ja nuorten arjesta. Me vanhemmat sukupolvet olemme oikeastaan keskimäärin todellista pullamössöä, koska meillä oli useimmilla "kotiäiti" paijaamassa, kun tultiin polvi tai mieli ruvella kotiin.

Kun lapset ja nuoret toilailevat jossain ulkona ja joku jakaa somekanavassa havaintonsa, ei mene kolmea sekuntia pidempään, kun viestiketjuun ilmestyy jo kommentti: "vapaan kasvatuksen hedelmiä!" Tämä on yksi suosikeistani, mitä puusilmäiseen kasvatuskeskusteluun tulee. Tällaisen ajatuksen pohjavireenä on, että autoritäärinen kasvatus on hyvä, kun lapset tottelevat ja vapaa kasvatus on paha, kun lapset eivät tottele. Tosiasiassa hyvä kasvatus on turvallista, välittävää ja lämmintä. Sekä autoritäärinen että vapaa kasvatus voivat täyttää, tai olla täyttämättä, nämä hyvän kasvatuksen ehdot. Autoritäärinenkin kasvatus voi siis olla turvallista, välittävää ja lämmintä, mutta yhtä hyvin myös pelkoon pohjaavaa, välinpitämätöntä ja kylmää. Jälkimmäisessä vaihtoehdossa myös lopputulos on kasvatuksen näkökulmasta yleensä surkea. Olemme ihmisinä kiintyneet näihin mustavalkoisiin päätelmiimme, jotka tuovat "oikeassa olemisen" kautta meille jonkinlaista turvaa ja hallinnan tunnetta epävarmoina aikoina. Harva lasten ruumiillista kurittamista romantisoiva somekirjoittelija on kuitenkaan omia lapsiaan hakannut.

Mitä jos emme tekisikään mitään?

Jos emme pyri muuttamaan tapaamme elää, ennustan, että peruskoululaisten oppimistulokset tulevat laskemaan tulevaisuudessa vielä parin kokonaisen vuosiluokan verran. Toivon totisesti, että tätä ennusteen paikkaansa pitävyyttä ei jouduta koskaan arvioimaan. Keskimääräiset oppilaskohtaiset kustannukset nousisivat nykyisestä vielä huomattavasti, vaikka ripeästä ikäluokkien pienenemisestä syntyy samaan aikaan myös säästöjä. Kustannusten nousu näkyisi etenkin oppilashuollollisissa kuluissa. Neljäsosa lapsista ja nuorista ei koskaan pääsisi elämänhallinnan taidoissaan sille tasolle, että he pystyisivät muuhun kuin korkeintaan kevennettyyn työelämään. Erilaiset väkivaltatilanteet, riskit ja uhat kasvaisivat kouluissa merkittävästi. Vuoteen 2045 mennessä meillä olisi ikäluokkien pienemisestä huolimatta peruskouluissa jo merkittävä opettajapula.

Jos sen sijaan alamme arvottaa oman elämämme laatua siten, että meille jää enemmän voimavaroja ja aikaa omille lapsillemme, laskevat muun

131

muassa lasten ja nuorten mielenterveyteen sekä keskittymiseen liittyvät haasteet normaalitasolle. Yhteiskunnallisella tasolla ydinkysymys on, ovatko 20 vuoden päästä menestyviä valtioita todella ne nykysysteemillä porskuttavat markkinataloudet, joissa lopulta 50 prosenttia työväestöstä on ikärakenteen vuoksi eläkkeellä, tai mielenterveyssyistä työkyvyttöminä. Ihminen kävi kuussa vain reilu 20 vuotta toisen maailman sodan päättymisen jälkeen. On siis turha tulla väittämään, etteivätkö tulevaisuuden usko ja motivaatio kehittyä ihmiskuntana ole merkittävämpiä kuin ne lähtökohdat, joista lähdetään ponnistamaan. Ihmislaji on edelleen täysin sama ja kyky vastaaviin ponnistuksiin on meissä.

Suomalainen peruskoulu on erinomaisen tehokas ja edullinen, jos yhteiskunnallinen kehitys vain antaa sille mahdollisuuden tehdä ydintyötään. Kaikki turha työ on kallista ja yhtä oppilasta varten vuodeksi koululle palkattu aikuinen maksaa helposti saman verran kuin kaikkien muiden koulun oppilaiden vuoden koulukirjat yhteensä. Näitä asioita ei tietysti voi asetella vastakkain, mutta mitä jos ei edes tarvitsisikaan. Haasteita on kouluissa aina, mutta esiintyvyys ratkaisee lopulta kaiken.

Aiemmin tuli jo todettua, että kouluissa, joissa on paksut tiiliseinät luokkien välillä ja hyvä kännykkäkuri, kärsitään tällä hetkellä pääosin samoista haasteista kuin muissakin kouluissa. Aina on tullut uusia vimpaimia, joita on pitänyt kouluissa kieltää ja joiden käyttöä rajoittaa, että opiskeleminen onnistuu. On ollut robottipenaaleita, erilaisia musiikkisoittimia, tamacotcheja, keräilykortteja, fidgetspinnereitä, laser-valoja, kännyköitä ja älykelloja. Kännykkä on varmasti historian toistaiseksi addiktoivin, mutta samalla myös passivoivin opiskelun häiriötekijä. Passivoivuudessa onkin puhelinten heikkous, minkä vuoksi ne ovat myös voitettavissa. Keskeinen tekijä on tulevaisuuden usko ja ymmärrys, että opiskelemalla voidaan taas saavuttaa jotakin lyhytvideoita suurempaa ja henkilökohtaisia merkityksiä luovaa. Jotakin joka tyydyttää ihmisen luontaista seikkailun ja tutkimisen nälkää kännyköitä enemmän. Jos otat lapselta puhelimen pois, saat kysymyksen: "Mitä mä nyt sitten teen?" Ennen kuin aloitamme saarnan käpylehmistä, pitäisi huomata, että olemme myös itse luoneet erittäin passiivisen tavan elää kännyköiden ulkopuolella. On vaikea tarjota esimerkkiä tai mitään vaihtoehtoa, jos ei itsekään jaksa työpäivien ulkopuolella muuta kuin tuijottaa puhelimen ruutua.

Vaikka Google löytää Pohjanmaan joet ja tekoäly osaa tehdä niistä esitelmän, se ei ole ihmisiltä pois. Tekoäly osaa tehdä kuvia ja runoja, mutta ei luoda niille merkityksiä. Siksi ne eivät ainakaan pelkistetyssä mielessä ole myöskään taidetta. Google ei ole poistanut maailmasta tarvetta tietää asioita, eikä tekoäly tule poistamaan tarvetta ymmärtää asioita – pikemminkin päinvastoin. Ihmisen luovuuden ja tekoälyn suomien mahdollisuuksien yhteistyöllä voi ihmiskunnalla voi kuitenkin olla erinomaiset mahdollisuudet ratkaista monia suurimpia haasteitaan seuraavan vuosisadan aikana. Elämän ja kuoleman kysymys tekoälynkin kanssa ovat arvomme ja se, millaisia sukupolvia niiden varassa kasvatamme. Tekoälyn avulla voidaan saavuttaa mahtavia, mutta myös hirvittäviä asioita. Ei siis todella ole yhdentekevää, miten tulevaisuutemme eli omat lapsemme tällä hetkellä voivat.

Peruskoulun toimintaedellytykset

Pari perusolettamaa

Ajattelen, että hyvinvoinnilla tarkoitetaan "pohjoismaista hyvinvointivaltiota" korkeine ja tasavertaisine perusoikeuksineen. Kuten hyvin tällä hetkellä tiedostetaan, Suomen osalta tämä malli natisee liitoksissaan. Meillä ei tunnu olevan varaa säilyttää totuttua hyvinvointia ilman, että järjestelemme asioita kokonaan uudelleen. Samalla maallikon silmään näyttää, että emme myöskään pysty rajattomasti säästämään tai järjestelemään asioita uudelleen siten, että hyvinvointi ei kärsisi merkittävästi tai että kulut eivät käytännössä vain siirtyisi paikasta toiseen. Perusoikeuksista luopuminen tuntuu keskimäärin ihmisistä erittäin vaikealta ja tuottaa poliittiselle päätöksen teolle suuria paineita. Vaikka tämä ei ratkaise ongelmiamme, se on mielestäni hyvä asia: yhteistä suomalaista arvopohjaa on vielä jäljellä. Nykyään törmää jo lähes kuukausittain kärkkäisiin manifesteihin, joissa toivotaan verotuksen painamista jyrkästi alas: siirtymää pohjoismaisesta hyvinvointivaltiosta luokkayhteiskuntaan, jossa ihmisten perusoikeudet määräytyvät varallisuuden mukaan. Ymmärrän ajatuksen viehättävyyden, mutta on hyvä muistaa, että pohjoismaisella kohtuuden mallilla on "ostettu" paljon muutakin kuin vain peruspalveluita. Kansakunnan yhtenäisyys, oikeudellinen tasa-arvo ja maan sisäinen turvallisuus ovat muun muassa asioita, jotka tulevat paljolti mahdollisuuksien tasa-arvon mukana. En usko, että tämä on edes yksin suurta pohjoismaista viisautta, vaan myös osa luonnollista kehitystä. Pienillä pohjoisilla kansakunnilla ei vain oikeasti ole varaa jakaa kansaa suuren maailman malliin kahteen eri leiriin.

Kun rahat eivät sitten riitä vanhaan, eikä halua pohjoismaisesta hyvinvoinnista luopumiseen löydy, asioita on ajateltava kokonaan uudelleen. Talousihmiset puhuvat siitä, että olemme menettäneet viime vuosikymmeninä paljon korkean tuoton teollisuutta, emmekä ole onnistuneet luomaan riittävästi korvaavaa tilalle. Ulkomaisia investointeja toivotaan lisäksi, mutta mikään ei varmasti tekisi kansantaloudelle yhtä hyvää kuin uudet kotimaiset innovaatiot, joista tulisi edelleen kansainvälisiä menestystarinoita. Kun mietitään Suomen viime vuosikymmenien saavutuksia, huomataan, että koulutuksen ja teollisuuden menestystarinat kietoutuvat erottamattomalla tavalla yhteen.

Vaikka tulevaisuutta ei voi kukaan ennustaa, pari perusolettamaa on tehtävä, jotta voi arvioida peruskoulun tulevaisuuden suuntaa. Ensimmäinen olettamani on se, että *suomalaiset eivät ole valmiita hylkäämään nykyistä yhtenäistä ja maksutonta peruskoulua.* Aitoon luokkayhteiskuntaan siirtyminen toisi takuulla mukanaan myös yksityiskoulut, jossa houkuttelee ajatus siitä, että koulujen laatu voitaisiin yksinkertaisesti taata näyttämällä "epäkelvolle ainekselle" koulun ovea. Käytännössä samalla leikattaisiin valtaosin pois perusopetuslain päätavoitteet: kasvu ihmisyyteen ja eettisesti vastuukykyiseen yhteiskunnan jäsenyyteen. Näyttää onneksi kuitenkin siltä, että suomalaiset eivät ole toistaiseksi halukkaita heittämään hyvästejä nykyiselle koulutuksen ja mahdollisuuksien tasa-arvolle.

Toinen olettama on se, että *globaali talousjärjestelmä rakentuu ja toimii lähivuosikymmeninä pääpiirteittäin nykyisen järjestelmän kaltaisena.* Uutena asiana nousevat toivottavasti ihmisten nykyistä huomattavasti tietoisemmat arvovalinnat elämänlaadun ja rahan vallan välillä, ja näillä on merkittäviä vaikutuksia myös koko maailman talouteen. Perusasetelma yhteiskunnan näkökulmasta ei kuitenkaan muutu. Hyvinvointimme elinehto on, että meillä on riittävästi korkeaan osaamiseen pohjaavaa omaa tuotantoa, jolla saamme maailman markkinoilta pelimerkit ihmisarvoisen yhteiskunnan rakentamiseen suomalaisille.

Työelämän rakennemuutos

Monet teknologisen kehityksen ytimessä olevat suuret vaikuttajat puhuvat tällä hetkellä siitä, kuinka meidän tulisi varautua ihmisten suorastaan eksistentiaaliseen kriisiin: merkittävä osa ihmisten nykyään tekemistä töistä tulee seuraavan 20 vuoden aikana siirtymään koneille. Huomaan änkyröiväni vähän vastaan ja pohtivani "ei kai nyt sentään", kunnes huomaan olevani ihan kuten minua vanhemmat ihmiset silloin aikanaan, kun tietokoneet ja älykännykät tekivät vasta tuloaan. Omassa pienessä kotikaupungissanikin toimii jo nyt henkilökunnaton pizzakioski, ruokakaupan kotiinkuljetusrobotit tulevat vastaan koiralenkillä ja robottiruohonleikkurit pyörivät pihoilla. Alan kääntyä siihen uskoon, että ennuste monien töiden ja ammattien kuolemasta on sittenkin paljon todennäköisempää kuin niiden säilyminen.

Ennuste ihmisten eksistentiaalisesta kriisistä pohjaa siihen ajatukseen, että vaikka uusiakin töitä syntyy, niitä ei synny niin paljon kuin vanhoja ihmisten tekemiä töitä menetetään koneille. Positiivisesti huomaan ajattelevani, että ehkäpä tulevaisuudessa yhtä ruokakuntaa kohden olisi aina vuorollaan keskimäärin yksi työssä käyvä ihminen. Tämä tarkoittaisi sitä, että yhdellä aikuisella olisi myös keskimäärin aikaa ottaa hoitaakseen tärkeää lähivanhemmuutta. Kädentaitajana ja opettajana huomaan myös ajattelevani, että käsityöhön ja ihmisten väliseen vuorovaikutukseen pohjaavat ammatit tulevat tarvitsemaan ihmisiä vielä jatkossakin. Ennustankin, että ainakin monipuoliset vuorovaikutus- ja kädentaidot tullevat löytymään myös tulevaisuuden opetussuunnitelmista, ja kaiken kaikkiaan näyttää Suomessa parhaillaan käytössä oleva oppiainepaletti ihan pätevältä kohti tuntematonta tulevaisuutta. Oppiaineiden painopisteet, tavoitteet ja sisällöt elävät muuttuvan maailman mukana. Yhdyn joidenkin futuristien ajatukseen siitä, että tekoälyn ja robotiikan lisääntyminen tuottaa oikeastaan kasvavaa tarvetta selkeästi nykyistä suuremmille ihmisyyden ja ihmisenä elämisen taitojen opiskelulle ja opettelulle maailmassa. Olisikin hyvä, että peruskouluissa olisi myös kaikille oppilaille yhteinen oppiaine tätä varten. Olisiko filosofiasta uudeksi, koko peruskoulun leikkaavaksi uudeksi oppiaineeksi?

Oppimisen ja opettamisen ilo

Kun saavutamme jälleen yleisen oppimisen ja opettamisen ilon suomalaisissa peruskouluissa, voimme kirjaimellisesti odottaa myös ihmeitä tulevaisuudelta. Kuulostaa siis helpolta, mutta on tietysti kaikkea muuta. Tämä kirja on ollut tähän pisteeseen saakka pääosin alustus siitä, miksi meidän tulisi pysähtyä pohtimaan lapsuudelle vahingollista tapaamme elää. Varhaislapsuus määrittelee niin vahvasti sen, millaisilla kouluvalmiuksilla kouluun tullaan. Olen sitä mieltä, että tämä asia on niin kriittisen tärkeä, että nostan sen tulevaisuuden peruskoulumme toimintaedellytykseksi numero yksi.

Yksilön ja yhteisön ristiriita

Toimintaedellytys kaksi on suoraan riippuvainen ensimmäisestä, ja siinä on kysymys yksilön ja yhteisön välisestä ristiriidasta peruskoulussa.

Lähes kaikki peruskoulun nykyiset haasteet kulminoituvat siihen, että tälle ongelmalle ei ole löydetty tai riittävän päättäväisesti haettu toimivaa ratkaisua. Syitä on varmasti useita. Tarvittavat taloudelliset panostukset olisivat todennäköisesti mittavia ja silti hyvin vaikeasti saavutettavia. Kuntien taloudellinen eriytyminen ja eri alueiden sosioekonomiset erot ovat johtaneet lisäksi myös siihen, että tilannekuva ja tarvittavat ratkaisut eivät näyttäydy kaikkialla Suomessa aivan samalla tavalla.

Jokaisella oppilaalla on lain mukaan oikeus saada opetusta ja tarvitsemaansa tukea. Nykyisten haasteiden kanssa ajaudumme jatkuvasti tilanteeseen, että jollain luokalla on enemmän tarvetta tuelle kuin sitä on tarjolla. Koulutuksenjärjestäjät ovat joutuneet hankalaan rakoon, jossa he käyttävät jokaisen käytössään olevan euron sillä seurauksella, että heidän kouluissaan on enemmän tukea tarjolla kuin koskaan aikaisemmin itsenäisen Suomen historiassa. Se ei silti riitä. Kun edes kaikki ei ole riittävästi, se kuitenkin yleensä tulkitaan riittäväksi. Syntyy ristiriita yksilön ja yhteisön oikeuksien välille. Oppilaalla on oikeus saada opetusta, mutta samalla hän saattaa vaikeuttaa merkittävästikin omilla vaille tukea jäävillä haasteillaan oman opetusryhmänsä oikeutta saada opetusta. Kun terveydenhuollossa tarve ylittää budjetoidut raamit, syntyy hoitojonoja, mutta koululaista ei voi laittaa jonoon. Hänet on otettava vastaan jokaisena koulupäivänä, oli tarjolla tukea tai ei.

Asiaan liittyy lisäksi monenlaista inhimillistä ja olosuhdeperäistä vaikeuskerrointa, johon on äärimmäisen vaikea onnistua reagoimaan millään sääntelyllä, kuten oppimisen tukea koskevalla lainsäädännöllä. Opetusryhmien koot ovat yksi tekijä, josta puhutaan aina paljon, mutta keskiarvo ei tee välttämättä mistään asiasta totta yksilön tai edes ryhmän kohdalla. Joku ryhmä voi sisältää yksilön kannalta sellaisia tekijöitä, että koulunkäynti ei onnistu millään. Samaan aikaan koulunkäynti voisi taas onnistua toisessa ryhmässä, joka on vieläpä isompi. Käytännössä olosuhteet ja yksilön tarpeet eivät usein arjessa kohtaa, koska eri yksilöiden intressit ja ryhmien muodostamiseen liittyvät muut lainalaisuudet ovat ristiriidassa keskenään. Erilaisten haasteiden määrä tavallisissa opetusryhmissä kasvaa, mutta kaikki opettajat eivät ole, halua olla tai sovellu erityisopettajiksi edes lisäkouluttamalla.

Kuten tiedetään, johtaa esimerkiksi yksistään ehdoton kuri usein tunne-elämän ongelmista kärsivien oppilaiden kanssa vain ongelmien kärjistymiseen. Tällainen oppilas tarvitsee rajojen lisäksi runsaasti aikuisen aikaa ja henkilökohtaista kohtaamista tavalla sekä tasolla, johon ei välttämättä ison luokan opettajalla ole aikaa, eikä aina oikeita eväitäkään. Tämä ei ole moite yhdellekään perustyössään pätevälle opettajalle, vaan todellisuutta siinä, että eivät monetkaan opettajat ole opiskelleet ammattiinsa, sillä oletuksella, että heidän vastuulleen tulee säännöllisesti myös merkittävää tukea tarvitsevia erityisoppilaita. Erityisopetus on syystäkin ihan oma koulutusohjelmansa, johon myös erikseen ja omasta halusta hakeudutaan. Suomen merkittävät panostukset opetushenkilökunnan lisäkoulutukseen erilaisten oppijoiden ja oppimisen haasteiden tukemiseksi eivät sinällään mene yhtään hukkaan, päinvastoin. Uskon, että kertynyt osaaminen nopeuttaa ja helpottaa koulujärjestelmämme nousua takaisin pinnalle aivan merkittävästi siinä vaiheessa, kun käänne positiiviseen suuntaan lopulta tapahtuu. Ja se tapahtuu, sillä mikään kehityskulku ei jatku loputtomiin. Ihan samat ongelmat koskevat ja tulevat koskemaan monia perinteisiä koulutuksen menestysmaita, joissa traditio erityisyyden huomioimisesta ei välttämättä ole ollenkaan yhtä hyvä kuin Suomessa.

Todellisuus on kuitenkin tällä hetkellä tämä. Tavallisissa peruskoululuokissa on paljon erityisyyttä ja tuen tarvetta. Joskus tukea saadaan järjestettyä tarpeeksi, joskus taas ei. Työmäärä ei koskaan jakaudu tasaisesti, eikä sitä voida myöskään kouluilla absoluuttisesti tasata, koska opettajien kyvyssä kantaa erilaisia haasteita on eroja. Jokainen erityistä lisähuomiota tarvitseva lapsi on kuitenkin aina resurssikysymys, sillä huomiointiin käytetty aika on aina myös jostakin pois. Myös silloin, kun oppilaan tukemisessa onnistutaan. Jos luokan kaikki oppilaat saavat tarpeen mukaan ja kohtuudella huomiota, taustalla voi olla erittäin pätevä opettaja, joka on ilmeisessä vaarassa uupua ja hukkua onnistumisensa mukana. Suurin osa opettajien työuupumuksen syistä liittyykin juuri näihin asioihin. Koetaan riittämättömyyttä tai sitten suoranaista kelvottomuutta omaan ammattiin, kun ei pystytä vastaamaan oppilaiden tarpeisiin riittävästi tai yhtä hyvin kuin joku muu.

Samoihin tekijöihin perustuu myös suurin osa peruskoulun opettajien alanvaihtoaikeista, joista en tällä hetkellä ole varsinaisesti yllättynyt. Jos erityisyyden kohtaaminen ja sen kanssa työskentely ei tunnu opettajana yhtään omalta jutulta, miettisin tällä hetkellä ehkä kahteen kertaan peruskoulunopettajaksi opiskelua. Empaattisuus ja kyky elää rinnalla toisen ihmisen haasteissa ovat tärkeitä ominaisuuksia hyvälle opettajalle. En tiedä, kuinka moni opettaja tiedostaa, että juuri nämä ominaisuudet vaarantavat nykytilanteessa myös heidän oman hyvinvointinsa. On äärimmäisen raskasta päivästä toiseen elää rinnalla ja ottaa vastaan useiden lasten pahoinvointia ja suodattaa tuskaa siten, että tunne ei pääse liiaksi hiipimään oman ihon alle. Tähän on helppo eläytyä jokaisen, joka on joskus tukenut omaa lähimmäistään mielenterveyden haasteissa. Ihmistyö ja hoivatyö kaikkiaan ovat jo normaalioloissakin hyvin raskaita. Kuten jo

143

aiemmin "ennustin", jos mikään ei tulevaisuudessa muuttuisi, meillä olisi 20 vuoden päästä käsissämme jo merkittävä opettajapula. Rivien harveneminen alkaisi valitettavasti juuri siitä päästä opettajia, joilla on taito tukea oppilaitaan vaikeissakin mielen haasteissa.

Vaikka tiedot ja taidot eivät edes ole koulun tärkein tehtävä, nykyisen peruskoulun rooli on kääntynyt jo liiaksi pois oppimisesta ja opettamisesta. Tämä vie suurimmalta osalta peruskoulujen oppilaista ja opettajista myös liian usein mahdollisuuden oppimisen ja opettamisen iloon. Kuten olen useasti edellä tuonut ilmi, tulevaisuudessa tarvittavien ratkaisujen suuruuteen vaikuttaa merkittävästi se, millaisilla kouluvalmiuksilla kouluun tullaan eli miten varhaislapsuus jatkossa yhteiskunnassamme muotoutuu.

Varhaislapsuuden merkitystä lapsen kehitykselle on mielestäni nostettava paljon nykyistä enemmän näkyville yhteiskunnassa ja kampanjoitava näkyvämmin muutoksen puolesta. Pidemmällä aikavälillä uskon tällä olevan vaikutusta haasteiden määrälliseen ilmenemiseen kouluissa, vaikka se ei taatusti yksinään koko asiaa ratkaisekaan.

Mitä rahalla saa?

Rahan kanssa pitää olla sillä tavalla realisti, että jos rakennamme jatkuvasti kaikki peruskoulun muutostoiveet yksin sen varaan, voi olla, että vajoamme pohjaan saakka odotellen apua, jota ei koskaan tule. Suomessa tällä hetkellä kunnille suunnattu valtion tasa-arvorahoitus on mielestäni oikeanlainen ja onnistunut työkalu, koska sitä jaetaan objektiivisten tunnuslukujen perusteella, mutta jätetään käytännön päätökset rahan käytöstä pääosin koulutuksenjärjestäjälle. Kunnat, koulut ja alueet ovat hyvin erilaisia ja erikokoisia, eivätkä samat ratkaisut tietenkään toimi keskenään aivan erilaisissa olosuhteissa. Jos minulla olisi kaikki valta, nostaisin tuota tasa-arvorahoitusta ainakin puolella ja kehtaan sanoa, että edelleen puhuttaisiin sellaisista summista, jotka näyttäytyisivät valtion budjetissa varsin maltillisina. Veret seisauttavia ihmeitä ei tuollakaan rahalla saisi aikaan, mutta rehellisyyden nimissä en uskaltaisi kyllä lähteä toivomaan enempääkään. Vähän lisää rahoitusta tuen järjestämiseen ja pysähtymistä omien sekä lastemme elämien ääreen ja uskoisin, että voisimme päästä pahimman yli. Kun oppilaiden kouluvalmiudet kääntyvät jälleen nousuun, kääntyy myös tuen tarve laskuun.

On varmasti pakko ottaa huomioon myös sellainen skenaario, että valtion ja edelleen kuntien talous ajautuu lähitulevaisuudessa rajuunkin laskuun siten, että nykytasosta joudutaan leikkaamaan vielä merkittävästi. Tällöin olemme yksin ensimmäisen toimintaedellytyksen eli varhaislapsuuden merkityksen varassa, joka nostaa sen tärkeyttä entisestään. Suomalaisilla on aina ollut hyvä suorituskyky silloin, kun on oikeasti vaikeaa ja luulen, että terveellä arvopohjalla ja lapsuuden kunnioittamisella peruskoulumme saattaisi hyvinkin pitää pintansa taloudellisesti nykyistä kovempinakin aikoina. Todettakoon, että tällainen henki voi syntyä kuitenkin ainoastaan aidon yhteiskunnallisen pakon kautta. Jos peruskoulun rahoitusta leikataan nykyisestä enää yhtään muun kuin pakottavan kriisin vuoksi, seuraa siitä hyvin todennäköisesti sellainen romahdus, jota en ehkä itse välittäisi olla näkemässä tai kokemassa.

Ruuvia pitäisi kiristää silloin, kun kierteet ovat vielä ehjät

Tilanne kouluissa aiheuttaa kotien lisäksi runsasta turhautumista myös kasvatusalan työntekijöissä, ja puheissa perätäänkin jo usein kovia piippuun monen asian suhteen. On toivottu muun muassa Keski-Euroopan joidenkin valtioiden malliin sakkoja huoltajille, jos lapsi on luvatta poissa koulusta sekä erottamisen ja luokalle jättämisen merkittävää lisäämistä. Tunne on tuttu, ja se nousee niinä hetkinä, kun törmää aikuisten räikeän välinpitämättömään käytökseen ja oikeuksien peräämiseen ilman minkäänlaista kiinnostusta itselle kuuluvien velvollisuuksien hoitamisesta. Esimerkki tällaisesta tilanteesta voivat olla vaikka satojen tuntien vaille mitään selitystä jäävät poissaolot. Ne ovat hankalia, sillä vaikka niistä tietysti ennen pitkää tuleekin lastensuojeluasioita, niissä ei yksistään ole useinkaan aineksia varsinaisille lastensuojelun toimenpiteille. Meillä lainsäädäntö on pohjannut vanhastaan siihen oletukseen, että vanhemmat huolehtivat lapsensa kouluun. Sitten kun valtakunnallisesti tuhannet peruskoululaiset yhtäkkiä jäävätkin kotiin, huomataan, että ei meillä ole oikein mitään toimivaa työkalua tilanteeseen, josta suuri esiintyvyys tekeekin ilmiön. Vaikka välillä ärsyttää, täytyy ymmärtää, että oikeita ilmiötä ei tietysti synny ilman oikeita syitä. Silloin kun on oikeita syitä, niin välitön ruuvin kiristäminen johtaa myös katkeamiseen. Meillä ei ole varaa kääntää selkää ja ulosmitata katkeruuteen sekä syrjäytymiseen tuhansia koululaisia yhdellä kertaa, vaan on edettävä vähitellen. Olen itsekin sitä mieltä, että säännöt ja käytännöt ovat nykytilanteeseen liian lepsuja, mutta ei tilannetta korjata kuin tarttumalla lasten ja nuorten pahoinvoinnin juurisyihin. Vaikka monen koululaisen käytös vaikuttaa todella julkealta ja ärsyttävältä, käytöksen takana on, useammin kuin haluaisimme myöntää, särkynyt nuori tai lapsi. Kasvatuksellisesti ajatellen tällaisessa tilanteessa ei yleensä päästä rankaisemalla haaveiltuun lopputulokseen, koska epäoikeuden kokemus on selvä: aikuiset tuottavat ensin ongelmat ja rankaisevat sitten lapsia, kun he tuovat ongelmat näkyviksi. Aika hyvä aloitusresepti voisi olla, että yhtäaikaisesti tuetaan vahvasti tervettä lapsuutta ja vanhemmuutta sekä siirrytään viranomaispuolella kaikkein räikeimmissä koulun laiminlyönneissä pykälää kovempiin toimenpiteisiin.

Kun tilanne alkaa hiljalleen parantua, on tullut oikea aika säätää tiukempia lakeja ja käytäntöjä, joilla vastuutetaan aikuisia paljon nykyistä selkeämmin ja varhaisemmin. Nämä toimivat tulevaisuudessa ikään kuin vakuutuksena sille hetkelle, kun yhteiskunnallinen kehitys pyrkii taas uudelleen valumaan siihen suuntaan, että aikuisten voimat vähenevät ja houkutus kasvatuksellisen työn valuttamisesta koulujen suuntaan kasvaa. Yksi nykyhetken ydinongelmia on se, että tulemme niin vahvojen kasvatuksellisten oletusten yhteiskunnallisesta ajasta, että emme ole lainkaan osanneet varautua tilanteeseen, joka ohjaa varhaislapsuuden edellytykset näin nopeasti pois totutuilta urilta.

Usko tulevaisuuteen

Oppimisen ilon kriittisimmät perustoimintaedellytykset ovat siis varhaislapsuudessa muotoutuneet koulunkäyntivalmiudet ja yksilön ja yhteisön ristiriidan ratkaiseminen koulussa siten, että uuden oppiminen on koulunkäynnin pääroolissa korjaavien ja hoitavien toimenpiteiden sijasta. Kun perustukset ovat kunnossa, voidaan siirtyä peruskoulujen kolmanteen toimintaedellytykseen, eli siihen tarinaan, jonka tarjoamme lapsille ja nuorille heidän tulevaisuudestaan. Kyse ei ole sadusta, vaan mitä konkreettisimmalla tavalla todellisuudesta, mahdollisuuksien todellisuudesta.

Voimme opetella koulussa monia asioita abstraktilla ja teoreettisella tasolla sekä mitata tätä osaamista kirjallisilla kokeilla. Tämä ei kuitenkaan ainoana opiskelutapana luo ymmärrystä siitä, mitä taidoilla tehdään, mihin niitä tarvitaan ja mitä niillä voisi saavuttaa. Luento-ulkoluku-kontrolli-menetelmällä pystymme lähinnä motivoimaan, opettamaan ja löytämään vahvuudet niille oppilaille, joita tämä menetelmä tukee. Tästä huolimatta näilläkin oppilailla opeteltujen tietojen merkitys hyvän koenumeron lisäksi jää helposti elämälle vieraaksi. Asia on merkittävä, koska tekoälyn vuoksi kapea-alaisen opiskelun merkitys niin yksilön kuin yhteisönkin tulevaisuudelle tulee heikkenemään vielä nykyisestään merkittävästi.

Ihmisten tapa oppia ei sinällään muutu mihinkään, koska ihmisinä olemme aina samanlaisia syntymävuoteen katsomatta. Edelleen on myös "päntättäviä" asioita, jotta saadaan eri oppiaineiden perusteet kohtuullisessa ajassa haltuun. Se mahdollistaa tietojen ja taitojen soveltamisen edelleen. Yksinkertaisena esimerkkinä on seuraava väläys omien lasten koulupolulta. Alkuopetuksessa opetettiin ja opeteltiin perinteisellä tavalla rahalaskuja ja tehtiin niihin liittyviä kirjallisia tehtäviä. Säännöllisesti leikittiin myös kaupunkileikkiä, jossa sovellettiin eri roolien kautta koulussa opittuja taitoja. Vietiin taidot pidemmälle ja annettiin niille merkitys tosielämässä jo alkuopetusikäisenä. Opettajana olen usein törmännyt tilanteeseen, että oppilas osaa toistaa jonkun opetellun asian ilman, että on ymmärtänyt koko asiaa sen merkityksestä puhumattakaan.

Tässä välissä muistutan taas kahden ensimmäisen peruskoulun toimintaedellytyksen kriittisestä luonteesta. Jos oppilaiden koulunkäyntivalmiudet eivät ole keskimäärin riittävällä tasolla ryhmäopetukseen ja yksilöiden sekä yhteisön tuen tarpeet eivät ole luokkahuoneessa tasapainossa, soveltavat työtavatkaan eivät yleensä onnistu ja jatkuva oppilaiden kontrolloinnin tarve ohjaa opiskelutapojen kaventumista kohti lukkarin koulua. Samalla keskimääräinen opiskelumotivaatio ja oppimisen taso laskevat sekä eri tavalla oppivien yksilöiden taidot ja niihin pohjaava itsetunto jäävät kehittymättä.

Koulu, joka pystyy yhdeksän vuotta luomaan opettamilleen asioille konkretiaa, merkityksiä ja kehittämään opiskelijoiden opiskelutaitoja tasapainoisesti opettelun, tekemisen, tutkimisen ja erilaisten vuorovaikutustapojen välillä, on oppilaidensa elämälle tärkeissä taidoissa valovuoden edellä lukkarin koulua. Näihin taitoihin kuuluvat muun muassa riittävä itsetunto ja mielenterveys tunnistettujen ja tunnustettujen henkilökohtaisten vahvuuksien kautta. Teinin kapinaa ei mikään koulu vie mennessään, eikä saa viedäkään. Se on luomisvoima, jolle koko ihmiskunnan tulevaisuus rakentuu. Ei ole kuitenkaan yhdentekevää, ohjautuuko teini-iän uhma vailla mahdollisuuden kokemusta itsetuhoiseen ja päämäärättömään päihdekäyttäytymiseen vai maailman historian ihmisarvoisimman aikakauden tavoitteluun.

Suomessa koulu tarjoaa kaikki valmiudet menestykseen. Meillä on valmis peruskoulujärjestelmä ja valmiiksi oikealla tavalla koulutetut opettajat, joilla on tarvittava ammattitaito toteuttaa, mitä tarvitaan. Perustoimintaedellytykset on kuitenkin saatava kuntoon. Alueelliset erot ovat merkittäviä, ja ääripäissään meillä pyöritetään tälläkin hetkellä todennäköisesti sekä vahvasti mahdollisuuksien tarinaan että lukkarin kouluun pohjaavia kouluja.

Näistä molemmista meillä on opittavaa niin hyvässä kuin pahassa, ja toivon kaikkien koulutuspolitiikan pyörittäjien ymmärtävän, että toimiva peruskoulu tehdään aina niissä olosuhteissa, joissa kukin koulu toimii. Yhteinen raami pitää tietysti olla, mutta menestystä ei voi monistaa, vaan se luodaan jokaisella koululla paikallisesti. Valtiovallan täytyy huolehtia ainoastaan toimintaedellytyksistä. Kuuluisista Pisa-tuloksista voi ehkä oppia sen, että koulujen keskimääräiset toimintaedellytykset eivät tällä hetkellä ole kunnossa.

Puutteet puitteissa ovat myös viesti

Irtosivuisia kierrätyskirjoja, sekalaisia kalusteita ja teknisen käyttöikänsä päässä olevia rakennuksia. Siitä huolimatta, että uusia upeita koulukampuksia valmistuu säännöllisesti, Suomen peruskouluissa on myös runsaasti korjausvelkaa ja olosuhteet ovat vahvasti alueellisesti eriytyneitä. Oppimateriaalit jakautuvat sentään tasaisemmin, mutta tilanne on kokonaisuutena koulutuksen huippumaalle kehno. Meillä valmistetaan erinomaisia opetusmateriaaleja, mutta useimmat oppiaineet mennään peruskouluissa kierrätyskirjoin tai kokonaan ilman valmiita materiaaleja. Jos koulujen käytössä olevat tarvikerahat pysyvät vuodesta toiseen samansuuruisina, valmistajat voivat parantaa katettaan lähinnä myymällä samalla rahalla vähemmän. Taas olemme tilanteessa, että voimme syytellä toisiamme, tai sitten katsoa tosiasioita silmiin. Ei ole realistista ajatella, että oppimateriaalien valmistajat alkavat polkea hintojaan, jos jaossa oleva kokonaispotti ei muutu. Ei ole myöskään realistista ajatella, että koulutuksen järjestäjien rahatilanne paranisi lähitulevaisuudessa, pikemminkin päinvastoin. En väitä, mutta verotuksellisissa kannustumissakin on usein vähän kotitalousvähennyksen makua, eli taloudelliset hyödyt tuntuvat valuvan enimmäkseen kauppiaiden taskuun. Lastensairaalalle kerättiin rahaa erilaisilla tempauksilla ja keräyksillä, joten ollaanko lasten koulujenkin kanssa lopulta samassa tilanteessa. En minäkään ajatuksesta varsinaisesti pidä, mutta nykyasetelmalla oppimateriaalien markkinoiden tulisi kasvaa ja tuottaa myös merkittävästi lisää kilpailua. Tämä tarkoittaisi tietenkin sitä, että pitäisi olla enemmän rahaa. Ja en ikävä kyllä usko, että julkinen rahatilanne paranisi tavalla, joka mahdollistaisi tämän kehityskulun.

Saimme menneinä vuosikymmeninä vähemmällä enemmän, ja peruskoulut olivat kiinteistöineen ja materiaaleineen nykyistä useammin koululaisten silmin hyviä. Tämä antoi vahvan viestin lapsille ja nuorille, että heidän elämäänsä panostetaan. Sanomattakin on selvää, että viesti on tällä hetkellä osin eri, ja silläkin on vaikutusta opiskelumotivaatioon. Markkinoiden todellisuus on muuttunut, ja moni asia ei ole samalla tavalla mahdollista kuin menneinä vuosikymmeninä. Kustannukset harmonisoituvat globaalisti, ja jos haluamme pitää sekä peruskoulujen infran, materiaalit että opettajat korkealla tasolla, sen hintalappu on yhteiskunnalle korkea samalla tavalla, kuten se olisi jonkun verrokkivaltion hyvässä yksityiskoulussakin.

Kansalaisten verotuksella on rajansa, ja kulupuoleen puuttuminen jollakin valtion sääntelyllä on taas tänä päivänä käytännössä lähes mahdotonta. Hetki on pakko kuitenkin synkistellä. Jos emme pysty elämään tavalla, joka luo edellytyksiä oppimiselle ja tulevaisuuden innovaatioille, eikä meillä ole myöskään konkreettisesti varaa ylläpitää laadukasta perusopetusta, mitä meillä sitten on. Onko markkinatalous itseasiassa julkisten palvelujen joutsenlaulu, johon liittyvien lainalaisuuksien vuoksi jäämme ikuisesti vangiksi korkean verotuksen ja kehnojen peruspalveluiden väliin?

Digitalisoitumisen tuoma muutos on vasta alussa

Umpikujassa voi syntyä, ja myös syntyy, kokonaan uusia ratkaisuja. Mitä jos esimerkiksi voittoa tavoittelemattomat säätiöt lähtisivät merkittävästi "häiriköimään" markkinoita? Työ maksaa kaikille, mutta mitä jos sitä ei tulevaisuudessa edes nykymittakaavassa tarvita. Esimerkiksi digitaaliset opetusmateriaalit ovat vielä käytettävyytensä osalta selkeästi alakynnessä perinteisiin oppikirjoihin nähden.

Näin ei kuitenkaan tarvitsisi olla. Puutteet ovat tiedossa ja kaikki tarvittava teknologia on jo myös, mutta usko ja tahto puuttuvat. Digitaalisuus, verkko, tekoäly ja väitän, että esimerkiksi laadukkaat oppimateriaalit, eivät ole tulevaisuudessa peruskouluille enää mikään kustannuskysymys. Moni pitää kehityskulkua mahdottomana, mutta heille sanon vain yhden sanan: Spotify. Pitää ymmärtää, että digitaaliset kielimallit ovat jo sillä tasolla, että suomen kieli ei tulevaisuudessa tule enää automaattisesti suojelemaan esimerkiksi oppimateriaalien markkinoita. Se on fakta. Osaaminen, laatu ja kustannukset ratkaisevat. Tässä kehityksessä kannattaisi suomalaisten ehdottomasti olla globaalin koulutusosaamisen tuottajien puolella.

Useimmat digitaaliset materiaalit ovat vielä nykyään vain sähköisiä kirjoja ja linkitettyjä pdf:iä. Nämä materiaalit ovatkin digitaalisten hyötyjen sijaan vain kopioita painetuista kirjoista ilman painettujen kirjojen helppoutta ja käytettävyyttä. Kuka tahansa kokenut opettaja, jolla ei ole itsellään mitään käsitystä tietotekniikasta, eikä tämän vuoksi myöskään rajoittunutta ajattelua, osaa listata helposti vaatimukset laitteille ja digitaalisille materiaaleille, jotta ne olisivat oikeasti käyttökelpoisia peruskoulussa ja aito vaihtoehto kirjoille. Lista on yleensä aika erilainen kuin it-ammattilaisen tai sellaisen opettajan, jolla on itsellään perustason digitaalista osaamista ja tätä kautta ajatus, että oppimateriaalien kehitys täytyisi jotenkin pohjautua jo olemassa olevien ratkaisujen viilailuun.

Jos raotetaan vähän käyttökelpoisen digitaalisen materiaalin ominaisuuksia, sieltä tulisi löytyä muun muassa biometrinen tunnistus, instant-on, pelkistetty mobiililaitteen kaltainen käyttöliittymä kosketuksella, kynän käyttö takaisin tehtäviin, kahden näytön näkymä ja kiinteä näppis pois. Käyttöliittymän ja ohjelmiston tulisi olla opiskelua tekoälyllä avustava ja ohjaava, intuitiivisesti opettajan seurattavissa ja automaattisesti monipuolista seurantadataa opettajalle tuottava sekä opettajan täydellisesti hallittavissa. Esimerkiksi optio avoimeen internetiin ja kullakin hetkellä tarpeettomaan sisältöön pääsystä on oltava helposti opettajan sormenpään takana. Opettajan tulisi voida avata omalla hallintanäkymällään suoraan oikea näkymä kaikille oppilaille. Kolme klikkausta tavoiteltavaan sisältöön on maksimi, eikä ainuttakaan käsin kirjautumista tai muuta vastaavaa. Ei ollenkaan mitään utopiaa vaan laite, joka olisi parin vuoden sisällä jo käytössä, jos niin todella haluttaisiin.

Tärkein toimintaedellytys on vielä hallussa

Viimeisimpänä, mutta ei todellakaan vähäisimpänä, peruskoulujemme toimintaedellytyksenä ovat tietysti

156

ammattitaitoiset opettajat, joiden sitkeyttä ja arvoja ihailen. Olen varma, että Suomen korkea opettajankoulutus, jossa ei voi välttyä sivistyksellisten ja inhimillisten arvojen opiskelulta, on osaltaan suojannut peruskoulujärjestelmäämme suuremmalta opettajakadolta. Ammatin julkinen arvostus painaa alamäkeen ja kuormittavuus ylämäkeen sekä palkkaus on sellainen kuin se nyt voi olla. Kummia olisi jo tapahtunut, elleivät opettajat itse ymmärtäisi ja kannattelisi tekemänsä työn arvoa. Olen usein töissä sanonut opettajille vaikeimpina hetkinä, että tosiasia on, että kukaan muu ei pystyisi hoitamaan tätä tehtävää tässä hetkessä meitä paremmin, ja se on fakta. Opettajien alalla pysymiseen ei mielestäni olisi varaa suhtautua niin kevyesti kuin tällä hetkellä tehdään, ja tämä on harvoja asioita, joihin suhtaudun suorastaan mustavalkoisesti. Jos menetämme opettajien osaamisen ja siitä saadun etumatkan, Suomen menestystarina on luettu. Synkistelystä syyttäjille sanoisin, että varhaiskasvatuksessa on jo nähty, mistä kaikesta voidaan joustaa, kun työntekijäpula uhkaa.

Mitä paremmin kaikki edellä käsitellyt viisi peruskoulujen toimintaedellytystä ovat kunnossa, sitä helpompi peruskoulujärjestelmämme on saada myös ansaitsemaansa arvostusta. Viirejä ja mitaleita ei kaivata, mutta tilanne, jossa viedään toimintaedellytykset ja sitten haukutaan päälle, on paitsi epäreilu myös oikeasti vahingollinen. Opettajan työn julkisuuskuva on ollut nyt kymmenisen vuotta laskusuunnassa, ja moni koululainen saa arjessaan aika henkilökohtaisen kokemuksen siitä, että jutut opettajan ammatin haasteista eivät synny ihan tyhjästä. Luulen, että mikäli seuraavat 10 vuotta eivät tuo merkittävää kohennusta peruskoulun toimintaedellytyksiin, tulee opettajapula pelkkiin nyky-exceleihin katsoen Suomessakin vähän yllätyksenä. Se alkaa joidenkin oppiaineiden ja erityisopettajien puutteesta ja jatkuu edelleen alueellisina rekrytointihaasteina sekä puutteena rehtoreista. Kyllä opettajat tiedostavat, että komeat palkat, työsuhde-edut ja bonukset eivät tule koskaan heitä koskettamaan. Sähköpostin itse tulostettaville joulukorteillekin voidaan naurahtaa, kunhan perusasiat ovat kunnossa: mahdollisuus tehdä ja onnistua työssään sekä tulla omalla palkallaan toimeen. Osa suomalaisen peruskoulun menestystarinaa ovat olleet suuret hakijamäärät opettajankoulutukseen. Niiden varaan menestystä on voitu rakentaa. Jos työn arvostus ja vetovoima nyykähtävät, vie vahingon korjaantuminen paljon työolojen korjaantumistakin pidempään. Tällöin puhumme jo todella pitkäkestoisesta ja merkittävästä vahingosta koko suomalaiselle koulujärjestelmälle.

Peruskoulun toimintaedellytykset yhdessä

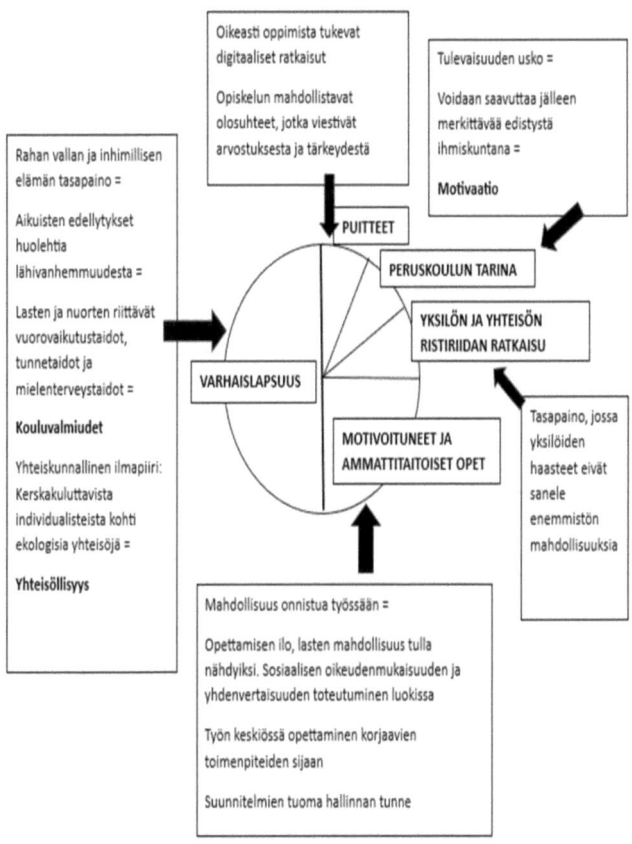

Miten tukea peruskouluja?

Edellä on käsitelty peruskoulujen suuret toimintaedellytykset, jotka vaativat myös suurta päättäväisyyttä aina yksilötasosta yhteiskuntaan saakka. Toimintaedellytykset ovat isoa kuvaa, johon emme voi odottaa välittömiä ratkaisuja, vaan valita oikeat tavoitteet ja edetä päämäärätietoisesti niitä kohti. Kouluvalmiuksien lasku on saatava pysähtymään, on turvattava peruskoulun ydintehtävä yksilöiden haasteista huolimatta ja alettava tavoitella sellaista tulevaisuutta, joka näyttäytyy lapsille ja nuorille hienona mahdollisuutena synkistelyn sijaan. Lisäksi on turvattava ja säilytettävä vielä toistaiseksi jotakuinkin hallussamme olevat toimintaedellytykset eli laadukkaan oppimisen takaava infra ja ammattitaitoiset opettajat. Molempia edellisiä uhkaa tällä hetkellä talouden rakentuminen suuntaan, jossa julkisten palveluiden rahoittaminen näyttäytyy historiallisen haastavana. Näissä isoissa kysymyksissä haetaan suorastaan ihmiskunnalle uutta suuntaa, mutta käännettä odotellessa on myös pienempiä asioita, joita voimme koulujen hyväksi tehdä.

Toive ei ole usein sama kuin tavoite

Tiedetään, että kaikessa inhimillisessä toiminnassa tavoitteet ohjaavat kohti päämääriä, vaikka lyhyellä aikavälillä voikin tuntua siltä, että hommat eivät etene mihinkään. Pelkät toiveet eivät kuitenkaan ole sama asia kuin tavoitteet. Jos tavoitteet ovat liian sekavia, ne muuttuvat helposti ainoastaan toiveiksi. Tarvitsemme myös opetuksen toteutukseen uuden tarinan nykyisen tilalle. Nykytarinaa ohjaa liiaksi selviytyminen. Yritetään nyt jaksaa syyslomaan ja sitten jouluun. Lenkkeillään, syödään ja nukutaan hyvin, Käydään ahkerasti terapiassa, niin saatamme selvitä kutakuinkin huhtikuuhun, josta kimpoilemme sitten sairauslomien kautta tiedottomina "kadehditulle kesälomalle". Ajatus vähän naurattaa ja itkettää samaan aikaan, kun siinä on liioittelusta huolimatta aika paljon totta. Nykytarina ei tuo opetusalalle työssäjaksamista, eikä sillä luoda tarvittavaa tulevaisuuden uskoa lapsiin ja nuoriin.

Opetussuunnitelma – kiteyttämällä kohti hallinnan tunnetta

Sivuutan tahallani rahan ratkaisuna. Riski siihen, että sitä ei ole peruskouluille lähivuosina luvassa, on todennäköinen, eikä se myöskään ole moneen asiaan ainoa ratkaisu. Miten voisimme auttaa kouluja onnistumaan? Aloitetaan koulutyön suunnittelusta. Voimassa olevat *Perusopetuksen opetussuunnitelman perusteet* on 500-sivuinen kirjajärkäle, josta ensimmäiset 100 sivua on niin sanottua yleistä osaa. Siinä käsitellään muun muassa sivistyksemme arvopohjaa, perusopetuksen ydintehtävää ja toiminnan järjestämiseen liittyviä periaatteita. Mielestäni tämä 100 sivua on hyvin kirjoitettu kokonaisuus, josta peruskoulun tarina ei jää kiinni. Loput 400 sivua on sitten lähinnä eri oppiaineiden tavoitteita, sisältöalueita sekä laaja-alaisen osaamisen kuvauksia. Se on muuten paljon se. Kun avasin uuden suunnitelman ensimmäisen kerran, muistan ajatelleeni, että pitikö tämä nyt haltijakielellä kirjoittaa ja minkä ihmeen takia. Suojelemmeko suunnitelman kryptisyydellä lääkärilatinan tavoin opetusalaa ulkopuolisilta? Hetken perehdyttyään huomaa, että ei opetussuunnitelma oikeastaan ole huonosti kirjoitettu, mutta laajuudessaan se on työkaluksi vähän kehno. Pääosin kaikki omat oppiaineensa opettavalle luokanopettajalle tavoitteet ovat jo sellainen annos, että siihen tukehtuu varmasti. Kun jokaisella oppiaineella on keskimäärin toistakymmentä virkkeellä kuvattua tavoitetta, joihin liittyy kymmenkunta laajemmin kuvattua sisältöaluetta tai laaja-alaisen osaamisen kuvausta, kasautuu siitä melkoinen kinos. Jos luokanopettaja opettaa kymmentä oppiainetta 25 oppilaalle ja hän arvioi jokaisen oppilaansa edistymistä vaadittavissa noin 150 eri tavoitteessa lukuvuosittain, tulee siitä oppilasmäärällä kerrottuna 3 750 arviointisuoritetta. Jos jokaisen oppilaan yksittäisen tavoitteen pohdintaan käyttäisi kuvatussa tilanteessa minuutin ja tekisi

162

sitä vaikkapa tunnin jokaisena työpäivänä, kuluisi siihen yhteensä yli kolme kuukautta. Työkaluversio opetussuunnitelmasta olisi sellainen, jossa kaikki tavoitteet ja niihin liittyvät sisältöalueet olisi kuvattu parilla sanalla yhdessä A4-taulukossa per oppiaine. Vielä tällöinkin täytyisi tavoitteita yhdistellä ja kokonaismäärää typistää, jotta niiden hahmottaminen ja hallinta olisi oikeasti mahdollista.

Opetussuunnitelma on siis tavoitteiden osalta vähän liian perusteellisesti kirjoitettu. Kun asiaa on liikaa mitenkään realistisesti omaksuttavaksi, käy niin, että opus lentää nurkkaan, otetaan kustantajan oppikirja ja toivotaan, että siellä on huomioitu kaikki oikeita tavoitteita toteuttavat sisällöt. Opettajat kärsivät työssään monenlaisesta opetustyön ulkopuolisen työn ähkystä ja pirstaleisuudesta. On tavallaan vähän ironiaa, että tärkein opetustyötä ohjaava dokumentti lyö sitten tässä jo täydellisen kunnarin. Ensimmäinen vahinko on se, että oppikirjoihin nojaten tavoitteet voivat jäädä oikeasti lukematta. Vielä suurempi vahinko tapahtuu kuitenkin siinä, että samalla jää omaksumatta myös se, mitä opetuksen toteutustavoista on kirjoitettu. Opetussuunnitelman tavoitteet henkivät vahvasti oppilaskeskeisyyttä alkaen muun muassa sanoilla: vahvistetaan, ohjataan, kannustetaan, herätetään, rohkaistaan, innostetaan, huolehditaan, tarjotaan, autetaan, harjaannutetaan, järjestetään, kehitetään, tuetaan, edistetään, rakennetaan ja aktivoidaan. Uimataito on harvoja asioita, josta todetaan: "opetetaan". Muutoinkaan opetus-sanaa ei juuri opetussuunnitelmassa näy. Oppiaineisiin liittyvissä sisältöalueissa ohjataan edelleen vahvasti monipuolisiin työskentelytapoihin, jos opettajan lukutarmo on sinne saakka riittänyt. Epäilen, että tällä hetkellä peruskouluissa jäädään keskimäärin aika kauas niistä tulevaisuudelle merkittävistä taidoista, joita opetussuunnitelmalla on alun perin lähdetty tavoittelemaan. Tämä luo melkoista vääristymää, kun alamme peilata tämän hetken oppimistuloksia ja -taitoja tavoitteisiin, joita ei ole suunnitelman laajuudessa tavoiteltu.

Opettajien oman hallinnan tunteen ja työssä jaksamisen kannalta olisi paljon tuloksellisempaa, jos opetussuunnitelma olisikin täydellisen manuaalin sijasta ainoastaan kuvaus suurimmista linjoista. Niiden varassa ammattitaitoinen opettaja osaisi toimia. Luokanopettajia suunnitelmajärkäle ohjaa tavoitteiden sivuuttamisen pelossa käymään orjallisesti läpi oppikirjojaan, ja ansana on työtavoiltaan hyvin passiiviseksi sekä opettajajohtoiseksi käyvä opetus. Tämä ei ole lainkaan ollut uusimman opetussuunnitelman henki, vaikka tällaisellekin opiskelulle on edelleen myös oppimisen näkökulmasta peruskouluissa paikkansa. Pääasiallisena toimintatapana se ei kuitenkaan vie meitä ollenkaan kohti niitä tavoitteita, joita peruskoululle on jo vuosia sitten asetettu. Ironiaa on sitten se, että monet koulujen ulkopuoliset sekä oppimistulosten laskua arvostelevat tahot peräävät tällä hetkellä kouluilta juuri sellaisia "vanhan ajan hyviä" opetusmetodeja, joita siellä on oikeastaan enimmäkseen koko ajan käytettykin. Syntyy selkeä harhapäätelmä siitä, että uusimman opetussuunnitelman linjaukset opetusmenetelmistä tai opiskelutavoista olisivat jotenkin syyllisiä oppimistulosten laskuun. Oppimistulosten kannalta opetussuunnitelma on tällä hetkellä mielestäni jopa hieman toissijainen.

Peruskoulun keskeiset toimintaedellytykset ovat ahtaalla, enkä usko, että kirjallisilla kokeilla mitattavassa osaamisessa olisimme yhtään nykyistä korkeammalla missään vertailuissa, vaikka olisimmekin onnistuneet siirtämään uusimman opetussuunnitelman tavoitteet paremmin käytäntöön. Se, missä jäämme kuitenkin nykyisen opetussuunnitelman hengen sivuuttaen tulevaisuuden jalkoihin, ovat oppilaiden taidot. Maailma muuttuu nopeasti suuntaan, jossa ulkoluku on yhä vähemmän olennaista, mutta luova ajattelu, ongelmanratkaisu, soveltaminen, vuorovaikutustaidot ja digitaalisen teknologian "häpeilemätön" hyödyntäminen yhä tärkeämpää. Emme tule kansakuntana pärjäämään globaalissa tulevaisuudessa esimerkiksi ajattelulla: *"Ei me lähdetä mihinkään tekoälyihin ja digihömpötyksiin, vaan teemme kaikki itse ja käsin"*. Kyllä analoginen aika on minullakin romantisoituneesti kuorrutettuna omalla aivokuorellani, mutta maailma muuttuu digitaaliseksi. Sitä ei normaalioloissa pysäytä enää mikään. Koulujen käyttämissä digitaalisissa ratkaisuissa, välineissä ja materiaaleissa on paljon puutteita, jotka tekevät arjen koulutyöstä kankeaa ja herättävät digiraivoa sekä vaatimuksia koulujen täydellisestä analogisuudesta. Vaikka tällä hetkellä olenkin osin samaa mieltä, analogisuus ei ole missään tapauksessa vaihtoehto. Mitä jos olisimme Suomessa pitäytyneet pelkässä kirjepostissa, kun muu maailma siirtyi internetiin? Digitaaliset ratkaisut on saatava nopeasti koulunkäynnin edellyttämälle tasolle ja jos tätä ei digitaalisten innovaatioiden valtavirrassa osata tehdä, meidän kannattaisi tehdä se Suomessa itse. Ei ihmisten oppimiskyky ole sidottu kansallisuuteen, vaan huonoilla digiratkaisuilla oppimisesta kärsitään maailmanlaajuisesti. Mikä mainio paikka ottaa etumatkaa muuhun maailmaan!

Opetussuunnitelman ja oppilaiden henkilökohtaiseen tukemiseen liittyvät suuret vaatimukset uuvuttavat monet opettajat tavalla, jossa ei enää uskalleta tai pystytä viemään opetusta eteenpäin kuin ankaran opettajajohtoisella otteella. Voisimme auttaa opettajia jälleen innostumaan omasta työstään ottamalla heiltä nämä kaksi keskeistä taakkaa pois. Tavoitteiden ja sisältöjen osalta selkeämmin suuriin päälinjoihin nojaava, mutta nykyistä näkyvämmin monipuolisiin opiskelu- ja työtapoihin rohkaiseva opetussuunnitelma auttaisi opettajia toteuttamaan sellaista opetusta, jota sen tekijät ovat varmasti alun perin tavoitelleetkin. Peruskoulun toimintaedellytyksiä esitellessäni puhuin siitä, että yksilön ja yhteisön ristiriita luokkahuoneessa on ratkaistava, jos emme halua, että monipuolisemmat opiskelutavat jäävät yksilöiden koulunkäyntiin liittyvien haasteiden panttivangeiksi. Merkittävin ja hitain korjausliike on elintapojemme muuttaminen, mutta lisäksi tarvitsemme myös jotain konkreettisia rakenteita, joilla voimme helpottaa ja edistää tilannetta tällä välin. Oppilaiden henkilökohtaiset ongelmat eivät saa nykymittakaavassa estää koko ympärillä olevaa opetusryhmää toteuttamasta opiskelutapoja, jotka tukevat oppilaan henkilökohtaista kasvua, tietoisuutta omista kyvyistä ja terveen itsetunnon kehittymistä.

Tilannetta helpottaaksemme meidän olisi päästettävä hieman irti kahdesta hyväksymästämme ajatusvirheestä. Ensimmäinen virhe on se, että olemme tulkinneet lasten oikeuksia yksilötasolla siten, että väkivaltaisesti käyttäytyvän ja räkä poskella karjuvan, tavaroita heittelevän oppilaan henkilökohtainen etu ja oikeus on aina olla koululuokassa. Mielestäni näin ei ole. Jos jossain, niin tällaisessa tilanteessa vaikeuksista kärsivä lapsi todella leimautuu muiden oppilaiden ja huoltajien silmissä, eivätkä olosuhteet yleensä riittävän vaikeassa tilanteessa enää muotoudu millään tavalla kuntouttaviksi. Inkluusio on mielestäni, ja myös lain mukaan sitä, että oppilas pystyy haasteistaan huolimatta opiskelemaan erikseen huomioituna tai tuettuna ryhmässä siten, että hän ei vaaranna toisten turvallisuutta tai esimerkiksi rajaa muiden mahdollisuutta saada opetusta. Ääritilanteissa kouluilla on mahdollisuus opetuksen epäämiseen kahdeksi koulupäiväksi ja oppilaan määräaikaiseen erottamiseen. Nämä ovat kuitenkin kurinpitokeinoja, joiden toistuva käyttö ainoana ratkaisuna äärimmäisen avun tarpeessa olevaa lasta kohtaan on vähintäänkin kyseenalaista. Tilanne helpottanee tulevaisuudessa, mutta nykyisellä esiintyvyydellä en näe oikein muuta mahdollisuutta kuin sen, että tarvitsemme myös uusia rakenteita. Pelkään pahoin, että terveydenhuollon ja koulujen pelimerkit tulevat ainoastaan vähenemään nykyisestä, vaikka poliittisesti löytäisimmekin nykyistä paremman konsensuksen yhteiskunnassa niiden kriittisyydestä. Jos koulutuksen järjestäjällä ei ole varaa järjestää riittävästi vaativan erityisen tuen paikkoja, olisi tähän oltava joku talousraamiin sitomaton valtiollinen erityismenettely. Ei terveydenhuoltokaan voi sitovasti päättää elvytettävien potilaidensa määrää vuodeksi etukäteen. Voisi olla myös järkevää luoda puhtaan kurinpidon rinnalle jokin rakenne, jolla koulukunnon saavuttamiselle voitaisiin ostaa nykyistä enemmän aikaa. Vaikeimmassa tilanteessa olevan oppilaan huoltaja olisi esimerkiksi oikeutettu 1–2 kuukauden vanhempainvapaaseen oppilaan kotikoulun tukemiseksi ja tarvittavan hoitopolun luomiseksi. Lasten, kuten aikuistenkin, psyykkisten haasteiden kuntouttaminen on pitkäkestoista työtä, ja vaikeissa tilanteissa "koulupakko" jopa syventää monien oppilaiden haasteita. Tällaiset ajatukset synnyttävät helposti eettistä raivoa, jossa muistutamme jokaisen oppilaan absoluuttisesta oikeudesta jokapäiväiseen kouluun ilman mitään "poislähettämisen kulttuuria". Jokaisella on mielestämme oikeus saada tukea, apua, hoitoa ja mieluiten heti. Mutta mitä jos todellisuus on silti oikeasti sitä, että koululuokassa on otettava ryhmätyön sijasta turpaan? On hienoa, että oikeutta koulunkäyntiin arvostetaan todella korkealle, mutta ei se tarkoita sitä, etteikö vaikeissa tilanteissa voisi olla olemassa kaikkien kannalta nykyistä parempiakin vaihtoehtoja. Ne vain puuttuvat nykylainsäädännöstä, jota ei ole kirjoitettu sellaisten yhteiskunnallisten haasteiden aikaan, jossa nyt elämme.

Oppilaslähtöisten ja monipuolisten opetustapojen toteuttaminen peruskoulussa ei ole mikään yhden viikon reissu, vaan monen vuoden systemaattisen työskentelyn tulos. Siinä on tasapainoiltava opettajajohtoisuuden ja oppilaiden oman vastuunkannon kehitysalueilla. On siedettävä sitä, että harjoittelu vastuulliseksi ja omaa oppimistaan sääteleväksi oppijaksi tapahtuu hitaasti ja väistämättä myös epäonnistumisien sekä annettujen vapauksien väärinkäytön kautta. Luokanopettajana oma suosikkini oli aina kuudesluokka, koska se oli se ikä, kun useamman vuoden harjoitellut oppilaslähtöiset työtavat alkoivat kantaa. Taitojen opettelu vaatii eri tavalla kärsivällisyyttä ja ennakointia tietojen opetteluun verrattuna. Muistan joskus jonkun kysyneen, tiedänkö, mitä oppilaani tekevät jossain päin koulurakennusta. Luettelin nopeasti koko oppilaslistan ja oletukseni siitä, mitä kukin oli tekemässä. Hämmästys oli aito, kun osuin tarkasti oikeaan myös niiden oppilaiden osalta, jotka eivät tehneet lainkaan sitä, mitä piti. Heidän varalleen minulla oli toki jo tunnin loppuun suunnitelma valmiina, mutta ajatuksena: vastuuta ei voi mitenkään oppia saamatta sitä.

Emme pääse siitä mihinkään, että pelkän ulkoa opettelun merkitys vähenee, vaikka se ei kokonaan katoakaan. Taito korostuu esimerkiksi kielten opiskelussa, joka on jo todellinen maailman kansalaistaito. Ilman hyvää kielitaitoa on vaikeata pärjätä enää missään ammatissa, vaikka perustason kommunikointi eri kielten välillä onnistuukin puhelimien puhetulkkauksen avulla. Toki "oikeaa kielitaitoa" ei vuorovaikutusmielessä korvaa mikään. Moni ulkoa opeteltava asia saa tulevaisuudessakin edelleen perustelunsa myös yleissivistyksestä. Ihmisen on tarpeen tietää monia asioita, jotta hän pystyy ymmärtämään, tulkitsemaan, havainnoimaan ja hahmottamaan niin itseään, yhteisöjä kuin muuta maailmaa. Olen kuitenkin itsekin nähnyt sen, miten keskiarvolla mitattuna arvosanoiltaan kiitettävä oppilas saattaa menettää toimintakykynsä täysin, kun tehtävänanto ei olekaan selkeästi ohjaava, vaan edellyttää työtapojen ja toteutuksen osalta omia valintoja sekä luovaa ongelmanratkaisua. Tulevaisuuden työelämässä suoritustason työt vähenevät, ja kaikki, mikä on mahdollista automatisoida, todennäköisesti myös automatisoituu. Tämä koskee myös perustason ongelmanratkaisua ja tiedon keräämistä sekä yhdistelyä valmiista lähteistä. Voisi kiteyttää, että yleissivistys säilyttää tärkeytensä, mutta ammatit, jotka edellyttävät lähinnä suurten tietomäärien muistinvaraista hallintaa, eivät.

Mitä ovat kiusaamisen nollatoleranssi ja roadman?

Julkisen koulukeskustelun kestoaihe on kiusaaminen. Yhteiskunnallisella ajalla on ilmiön esiintyvyyteen kiistaton vaikutus, mutta se on myös asia, johon voi ja täytyy yrittää vaikuttaa konkreettisilla teoilla tässä hetkessä. Kun voitamme keskeisiä tähän aikaan liittyviä haasteitamme, paranee myös kiusaamisen tilanne. Emme kuitenkaan voi jäädä kädet taskussa odottelemaan hidasta muutosta, vaikka lopulta se olisikin merkittävin tekijä. Kiusaaminen tuo erinomaisella tarkkuudella näkyväksi elintapojemme vaikutuksia ihmisen psyykelle, mielenterveydelle, varhaislapsuudelle ja koulunkäyntivalmiuksille.

Vaikka kiusaaminen on vahvasti yhteiskunnallinen ilmiö, se on myös ihmisten väliseen kanssakäymiseen ja kasvuun liittyvä ikiaikainen sosiaalinen ilmiö. Kiusaaminen on seurannut ja seuraa meitä kaikkialle sinne, missä ihmiset elävät ja toimivat yhteisöissä. Tiivistetysti toimivat lääkkeet kiusaamiselle ovat psyykkistä terveyttä tukeva kasvuympäristö ja kasvatus sekä oikeanlainen puuttuminen. Kaikkia edellisiä lähestymistapoja ja näkökulmia tarvitaan, koska mikään niistä ei koskaan tule yksinään hoitamaan tai ratkaisemaan kiusaamiseen liittyviä haasteita. Esimerkiksi arvokasvatuksen näkökulmasta aikuiset eivät tällä hetkellä anna kovin mairittelevaa esimerkkiä lapsille ja nuorille. Osa tuottamistamme sosiaalisen median julkaisuista ja jopa joidenkin maailman johtavien poliitikkojen esiintymiset julkisuudessa sisältävät paljon suoraa ja häpeilemätöntä kiusaamista. Moni aikuinen yllättyisi, jos näkisi, kuinka paljon lapset siteeraavat ja toistavat aikuisten ala-arvoista käytöstä esimerkiksi kouluissa.

Kirjoitan tähän nyt oman osuuteni kiusaamiskeskusteluun, koska julkisessa keskustelussa kiusaamisen käsittely ei mielestäni koskaan saa ansaitsemaansa laajuutta tai oikeutta. Liian kapeat näkökulmat vääristävät poikkeuksetta kiusaamista ilmiönä suuntaan tai toiseen. Olen elänyt ja työskennellyt kiusaamisasioiden kanssa kaikissa mahdollisissa rooleissa: lapsena, nuorena, vanhempana, koulunkäynninohjaajana, opettajana ja rehtorina. Olen vetänyt työssäni opettajana useita vuosia kiusaamistapausten selvittelytiimiä, selvittänyt, ratkonut ja sovitellut satoja tapauksia. Mitään helppoa liukuhihnatyötä se ei ole. Olen onnistunut, mutta myös välillä epäonnistunut. Kuten kaikessa, kokemus auttaa ja yrittänyttä ei laiteta. Teen rehtorina viikoittain asiaan liittyen yhteistyötä vanhempien, lasten, opetus- ja opiskeluhuoltohenkilöstön sekä viranomaisten kanssa. Rehtorin työ tuo kiusaamiseen ilmiönä vielä astetta kokonaisvaltaisemman näkökulman, koska yhdellä kertaa on arvioitava ja huolehdittava myös tapauksiin liittyvien lasten, huoltajien sekä opettajien laillisten oikeuksien täyttymistä. Työ on haastavaa, koska siinä operoidaan vahvasti ihmisten tunnealueella, jossa myös aikuiset ovat lasten lisäksi hyvin alttiita voimakkaille ylilyönneille. Olen laskeskellut, että yhden keskikokoisen peruskoulun kaikki aikuiset saattavat käyttää yhden työviikon aikana suorasti kiusaamiseen liittyvien asioiden ennaltaehkäisyyn, selvittelyyn ja toimenpiteisiin yhteensä 50 tuntia. Tästä kertyy 275 täyttä työpäivää alle 200 päivän lukuvuodessa.

Kun sitten ajan töistä kotiin ja radiosta tulee ajankohtaisohjelma, jossa käsitellään koulukiusaamista, tai mainos, jossa kaupallinen toimija markkinoit itseään kiusaamisen vastaisuudella, myönnän, että kanava vaihtuu välittömästi. Olen kuullut riittävän monta kertaa liikaa, kuinka "koulut eivät tee kiusaamiselle mitään". Aika moni taho yhteiskunnassa ei todella tee, tai edes pysty tekemään kiusaamiselle yhtään mitään, mutta ainakaan keskimäärin se ei enää tänä päivänä ole koulu. Kiusaamisesta aivan merkittävä osa tapahtuu myös oppilaiden vapaa-ajalla ja verkossa, jossa suojelevia rakenteita ja selvittelijöitä on vähän. Syyttely, syyllistäminen ja vaatiminen onnistuu kaikilta, mutta vastuunkantajia on koulujen ulkopuolella todella vähän. Vaikka kiusaamiskeskustelu aiheuttaa itsellenikin välillä pientä ärsytystä, ajattelen silti, että kaikki kiusaamisen vastainen työ on aina arvokasta. Kun kaupallinen toimija ilmoittaa kiusaamisen vastaisuudestaan, luo sekin arvoa, ottaa kantaa ja edistää oikeanlaista ilmapiiriä yhteiskunnassa. Tämä on erinomainen asia, vaikka tiedänkin, että todellinen kiusaamiseen puuttuminen tapahtuu pääsääntöisesti jossakin ihan muualla. Kun joku toimija soittaa ja kysyy, että haluanko laittaa heidän avullaan stopin koulukiusaamiselle, toki vastaan myöntävästi. Tällaisessa tilanteessa toimija joko hieman liioittelee tarjoamansa intervention vaikutusta tai ei oikeasti ymmärrä, mistä puhuu, vaikka tarkoittaakin hyvää. Täsmennettäköön vielä, että toki suurin osa toimijoista on hyvin kartalla siinä, että kiusaamisen ehkäisy ja hoito on iso palapeli, johon he tarjoavat oman pienen, mutta tärkeän palasensa mukaan. Yhtä kaikki, kaikesta kiusaamisen vastaisesta toiminnasta on aina jotakin hyötyä, ja se on jo siksi aina tervetullutta.

Määritellään kiusaamista vielä vähän lisää. Se on kaikenikäisten ihmisten harjoittamaa sosiaalista toimintaa, jossa pyritään tarkoituksellisesti aiheuttamaan toiselle ihmiselle harmia, vahinkoa, tai mielipahaa. Asian taustalla olevia syitä ovat muun muassa psyykkinen pahoinvointi, mielenterveyden ja tunne-elämän haasteet, kehitysikä sekä erityiset että tavanomaiset kehityshaasteet. Lähes kaikki aikuiset tunnistavat tilanteen, jossa sisarukset kotona ärsyttävät toisiaan ja tappelevat välillä rajustikin. Asialle usein naureskellaan ikään ja asiaan kuuluvana ilmiönä, mutta ihan vastaaville tilanteille ei välttämättä löydy enää mitään ymmärrystä silloin, kun ne tapahtuvat koulussa. Suurin osa alakoululaisten kaikista kahinoista on pitkän kokemukseni mukaan riitoja, joissa kumpikaan osapuoli ei ole osannut toimia oikein. Sen lisäksi on myös eriasteista kiusaamista. Kun esimerkiksi varhaiskasvatuksen oppilaalla on kiusaamiselle altistavia tunne-elämän ja impulssikontrollin vaikeuksia, kaksi asiaa on realismia. Kiusaamisen taustalla olevien juurisyiden voittaminen vie ennemminkin vuosia kuin viikkoja. Kaikesta valvonnasta, tuesta ja järjestelyistä huolimatta tulee todennäköisesti koulussa sattumaan asioita, joita joudutaan selvittelemään. Koulujen arkea ei voida rakentaa valvonnan suhteen vankiloiden tavoin, vaikka vaatimukset välillä jo siltä kuulostavatkin.

Mitä kiusaamisen nollatoleranssi sitten tarkoittaa? Se tarkoittaa asioiden hoitamisen näkökulmasta eri-ikäisten ja eri kehitysvaiheissa olevien lasten ja nuorten kohdalla ihan eri asioita. Yhteistä on se, että kaikissa tapauksissa nollatoleranssi tarkoittaa välitöntä puuttumista, kun jotain tapahtuu. Kaikkea ei voida ennaltaehkäistä, vaikka hyvä tavoite onkin. Kun esimerkiksi toisen asteen opiskelija syyllistyy kiusaamiseen, pöydällä on aina myös 15-vuotiaan tai täysi-ikäisen opiskelijan rikosoikeudellinen vastuu. Edellisessä esimerkissä kuvatun pikkukoululaisen tilanne on kuitenkin aivan eri. Rikosoikeudellista vastuuta ei ole, eikä psyykkinen kehitysikä välttämättä riitä puuttumisesta huolimatta mihinkään pysyviin vaikutuksiin vielä pitkiin aikoihin. Oikeista henkilökohtaisista haasteista kuntoutuminen ottaa myös ihan oikeata aikaa, jossa usein pieninkin yksikkö on vuosi. Ensin on kasvettava ulos väkivaltaisesta käytöksestä, jossa riskit kasvavat sitä mukaa, kun lapsella ikää ja kokoa karttuu.

Usein onkin niin, että tärkeä kehitys saavutetaan varhaisteini-ikään mennessä ja väkivaltainen käytös vähenee selvästi 10 ikävuoden jälkeen. Muuta käytöstä alkaa sitten samoihin aikoihin haastaa erityisesti alkava murrosikä. 15-vuotiaaseen mennessä suurin osa alkuopetusikäisenä erittäin haasteellisista oppilaista saavuttaa kuitenkin sellaisen tasapainon, että oma käytös toisia kohtaan ei johda enää samoihin ongelmiin kuin alakoululaisena. Tästä ihmisillä on usein vähän väärä mielikuva, mutta lasten ja nuorten väkivaltainen käytös todella onneksi vähenee selkeästi lapsuudesta teini-ikään, eli kasvua ja kehitystäkin tapahtuu.

Uutena ilmiönä aivan viime vuosina ovat olleet nimenomaan alle teini-ikäisten lisääntyneet väkivallan teot. Tämä laittaa pohtimaan syitä, ja huomaan ajattelevani internetin avulla levittäytyvää kansainvälistä nuorten yhtenäiskulttuuria. Näihin sisältöihin ja saatavuuteen emme voi enää vaikuttaa televisioaikakauden tavoin esitysajoilla tai ikärajoilla. Kun mietitään tämän hetken nuorisokulttuurin valtavirtoja, yksi vahva suuntaus on katuelämää idolisoiva nuorisokulttuuri, jossa nostetaan nuorten elämään katujen uhkaa, uhoa henkiviä vaatetrendejä ja musiikkia. Tätä usein pelätään ja kauhistellaan ihan turhaan, kuten vaikkapa punk-kulttuuria menneinä vuosikymmeninä. Harvat oman elämänsä roadmanit haaveilevat tai tavoittelevat oikeasti mitään rikollista elämää, vaikka ovatkin pukeutuneet katurikollisuutta idolisoivaan tyylisuuntaan. Tyyli on useimmiten vain tyyliä: mielikuvia, yhteenkuuluvuuden tunnetta ja kulttuuria. Teini-ikäisen harkinta riittää todennäköisesti ymmärtämään tämän pieniä lapsia paremmin. Voin antaa pukeutumalla mielikuvan, mutta puukon kanssa heiluminen, ryöstöt, uhkailu ja väkivalta ovat oikeasti rikoksia, joista ei tosielämässä kauheasti kunniamainintoja kerry.

Omaan silmääni näyttää, että 9–13-vuotiaat, eli pääosin alakouluikäiset lapset, eivät osaa lainkaan teinien tasolla arvioida tätä pinnalla olevan nuorisokulttuurin ja todellisuuden välistä suhdetta. Ylilyöntejä tulee, kun luullaan, että tyyliin kuuluu tietynlaisten kenkien lisäksi myös toisten potkiminen. Sitten kun hakeudutaan ulkoisesti samaa genreä edustavien, mutta vanhempien ja psyykkisesti kehittyneempien nuorten seuraan, ei ole niin vaikea arvata, ketkä houkutellaan ja yllytetään tekemään kaikkein pöljimmät suoritukset. Totuus on viime vuosina kaikkien viranomaisten puhki toistama, mutta vanhemman on tänä päivänä todella tiedettävä ja oltava kiinnostunut siitä, mitä oma lapsi vapaa-ajalla tekee, missä ja kenen kanssa. Yksi surullisimpia asioita tässä ajassa onkin lapsuuden kutistuminen. 10-vuotiaan pyöräily kaupungilla kavereiden kanssa voi todella nykyään tarkoittaa lähes mitä tahansa, vaikka psyykkinen kehitysikä olisi varmasti paras legoleikeille kotona. Tässä ajassa saatamme ilahtua siitä, kun lapsi ei pyöri koko ajan kotona jaloissa, mutta sen olen nähnyt, että liialliseen sinisilmäisyyteen ei ole yhtään varaa. Aikamoisia järkytyksiä ne ovat aina huoltajillekin, kun selviää, missä kaikessa oma vielä alakouluikäinen lapsi on saattanut olla mukana.

Kun lapsi, jolla ei ole suurempia henkilökohtaisia haasteita, kiusaa koulussa tai vapaa-ajalla, ja tähän puututaan systemaattisesti sekä ammattitaidolla, tulokset ovat yleensä erittäin hyviä. Tässä ajassa meitä haastaa erityisesti se tosiasia, että pienillä lapsilla on hyvin paljon sellaisia itsesäätelyyn ja sosiaalisissa tilanteissa toimimiseen liittyviä haasteita, että riitoja sekä kiusaamistilanteita myös syntyy paljon. Tilanteissa oikein toimiminen on monille lapsille haastavaa, vaikka ei olisikaan itse ollut riidan aloittavana osapuolena. Tähän ongelmaan on suuressa kuvassa ne ihan samat lääkkeet, jotka ovat olleet koko tämän kirjan teemana. Kouluissa on henkilökuntaa ja ammattitaitoa, mutta esiintyvyys aiheuttaa ongelmaa. Jos ja kun puuttumista on kouluissa priorisoitava esimerkiksi fyysisestä turvallisuudesta käsin, voivat hyvin haitalliset väkivallattoman kiusaamisen muodot jäädä liian vähälle huomiolle ja pitkittyä.

Vapaa-ajan osalta aikuisten on herättävä psyykkisesti terveen lapsuuden edellytysten lisäksi siihen, että syöte ja mallit leikkeihin tulevat nykyään usein ihan eri lähteistä kuin vielä muutama vuosikymmen sitten. Kuten tiedetään, voi lapsi eläytyä hyvin voimakkaasti leikkimään

178

jotain täysin epätodellista elokuvan supersankaria. Miksi puhelimen lyhytvideolla puukko kädessä uhoava roadman näyttäytyisi tässä mielessä pienelle lapselle jotenkin eri tavalla?

Yhteisöllisyys – vanhempainilta, johon ei tullut ketään

Olin ollut muutaman vuoden töissä, kun yhtenä syksynä uuden luokan vanhempainiltaan tuli paikalle enää kolme huoltajaa ja hetkeä myöhemmin vielä vähemmän. Samoihin aikoihin vanhempi kollega muisteli ääneen aikoja vuosikymmenten päähän, jolloin jonkun leirikoulun kohdalla oli jossain päin Suomea käynyt niin, että jokaisen lapsen perheestä oli lähtenyt joku mukaan. Alueellinen vaihtelu on suurta tässäkin asiassa, mutta kehityssuunta on 2000-luvulla ollut selkeä, ja monin paikoin vanhempainiltojen funktio kodin ja koulun välisen yhteisöllisyyden runkona on mennyttä aikaa. Syyt ovat tuttuja meille kaikille aikuisille: *"En jaksaisi, en kyllä tänään ehdi, mulla on silloin oma jumppa. En viitsi mennä, kun kerran eivät kaikki muutkaan tule. Jos menen paikalle, nakitetaan minulle kuitenkin joku diskokeisarin virka samalla kun yli puolet vanhemmista ei osallistu mihinkään. Näkee sen sitten Wilmasta, mitä on sovittu, ja voin kyllä osallistua toffeiden ja pesuaineiden pakkomyyntiin."* Ei oikein passaa moittia ketään, sillä ajatukset kuulostavat kyllä hirvittävän tutuilta itsellenikin.

Yhteisöllisyyttä ei voi pakottaa, ja monilta osin se onkin yhteiskunnassamme kutistunut marginaaliin menneisiin vuosikymmeniin verrattuna. Vanhempainilta on vain yksi monista ilmentymistä, ja se tuo asian meille näkyväksi. 2000-luvulla on tuskin kirjoitettu ainoatakaan strategiaa tai toimintasuunnitelmaa, jossa toiminnan lähtökohtana, katalyyttinä tai tavoitteena ei mainittaisi *yhteisöllisyyttä*. Kuten vanha sanontakin sen tietää, siitä aina puhe, mistä puute. Olemme siis ainakin selkeästi tunnistaneet yhteisöllisyyden heikkenemisen haitat ja kuten aina, olemme ratkaisuna ongelmaan ryhtyneet miettimään, miten yhteisöllisyyttä luodaan. Samalla emme ole juurikaan uhranneet ajatuksia sille, että miksi, miten ja mihin se jo olemassa ollut yhteisöllisyys oikein katosi.

Tämän ajan työelämän sanelemat menestystekijät, tehokkuus ja sillä perusteltu kiire, ovat myrkkyä yhteisöllisyydelle. Armeija on monelle tuttu ja omakohtainen kokemus, jolla on helppo havainnollistaa asiaa. Oli armeijasta mitä mieltä tahansa, parhaana asiana mainitaan usein inttikavereiden kanssa syntynyt yhteisöllisyys ja kaverisuhteet, jotka saattavat kestää läpi elämän. Mitä sellaista varusmiespalveluksessa sitten on, mikä puuttuu työelämästä? Vastaus on: aikaa. Työelämässä tehokkuutta vaalitaan ennen kaikkea sillä, että palkataan työmäärään suhteutettuna liian vähän ihmisiä. Tästä seuraa krooninen kiire.

Kehityskulku on tietysti kilpailutilanne, liikevoitto tai määrätty toimintabudjetti ohimolla jyskyttäen, enemmän tai vähemmän pakon sanelemaa. Yritys järjestää strategiansa yhteisöllisyysvelvoitteen täyttääkseen sitten myöhemmin pikkujoulut ja kesäjuhlat, joissa uupuneet työntekijät avautuvat toisilleen siitä, kuka on eniten rikki töistään. Työelämässäkään yhteisöllisyyttä ei voi ostaa millään tempauksilla. Sen pitää syntyä arjessa ja jokaisena työpäivänä siten, että sille on työn keskellä tilaa. Välillä törmää tarinoihin, että joku yritys on onnistunut pääsemään niin merkittävään markkina-asemaan, että sillä on ollut varaa antaa työntekijöidensä suorastaan viihtyä töissä. Asialla onkin "yllättäen" ollut positiivisia vaikutuksia ihmisten tuottavuudelle, sitoutumiselle ja työkyvylle. Valitettavasti tavallisempi tilanne taitaa usein olla, että lähes epäinhimillinen työtahti on se, millä toiminta pysyy juuri ja juuri käynnissä, eli taloudellisesti kannattavana. Näissä tilanteissa yhteisöllisyys jää usein hevonkukuksi strategiasivuille, jotka kerran vuodessa puhalletaan esiin pölyistä.

Työelämän vaikutukset heijastuvat vapaa-aikaan, jossa töistä palautuminen voi saada ihmisen karttelemaan myös kaikkea vapaa-aikaan liittyvää yhteisöllistä toimintaa oman jaksamisen ja palautumisensa takia. Tämä on suuri vahinko, sillä usein vapaa-ajan yhteisöllisyys voisi olla yksilölle aivan merkittävä henkilökohtainen voimavara. Aika moni ihminen onkin näinä päivinä jo valmis puntaroimaan jopa palkkaansa, jos vain löytää työpaikan, jossa on hyvä yhteisöllinen ilmapiiri ja arki. Ei kaikki ihmisten kokema kuormitus ole työperäistä, mutta mikä on muotisanalla ilmaistuna työelämän *resilienssi* sille, että toisinaan ihmisillä on myös työelämän ulkopuolella vaikeaa. Ongelmien ilmaantuessa menetetään työkyky nopeasti, jos normaalikin työarki on sitä, että jaksaminen on koko ajan punarajalla ja inhimillisille tekijöille ei ole tilaa. Suorastaan vaaralliseksi tilanne kääntyy, jos työ ei kannattele ja työuupumuksen vuoksi myös vapaa-ajan yhteisöt ovat kadonneet. Syntyy tilanne, jossa ollaan sitten levinneen pään kanssa yksin kotona. Ei muuten ole näinä päivinä olemassa sellaistakaan asiaa kuin työtön psykologi.

Yhteiskunnassa on hyviä työpaikkoja ja erinomaisia työyhteisöjä, joista meillä on paljon opittavaa. Työantajan koko ei sinällään tunnu olevan ratkaiseva tekijä, vaan niin suur- kuin pienyrityksissäkin voidaan yhteisöllisessä mielessä onnistua tai epäonnistua. Huolestuttavaa on selvä työuupumuksen trendi ja se, mihin se johtaa kaikessa inhimillisessä toiminnassa. Ei tarvitse mennä kuin ruuhka-aikana suureen parkkihalliin, ja saattaa nähdä, kuinka aikuiset ihmiset menettävät täydellisesti kontrollin ja itsehillintänsä tilanteissa, joille pitäisi terveellä psyykellä pystyä nauramaan huonoimpinakin päivinä.

Koulun toiminnassa yhteisöllisyys voisi olla paljon muutakin kuin vanhempainilta, jolla päätetään varainkeruusta. Yksi yhteisöllisyyden avaintuote on keskinäinen luottamus. Sen merkitys vielä korostuu koulun kaltaisissa erityisolosuhteissa, joissa suurin osa oppilaita koskevista asioista on sidottu lainsäädännöllä muilta salassa pidettäväksi. Olen huomannut, että nuorillakin ihmisillä on aika hassuja ja reliikkejä käsityksiä kouluarjesta, koska kouluihin ei kerta kaikkiaan näe sisälle. Jos huoltajien ajatukset koulunkäynnistä, henkilökunnasta ja infrasta perustuvat ainoastaan itse muodostettuihin mielikuviin, oletuksiin, omiin koulumuistoihin, kuulopuheisiin ja Wilma-viestintään, saatetaan mielikuvissa pahimmillaan mennä aika pitkälle metsään.

Kun joku vanhempi sitten pyytää lapsensa koululuokan talkoisiin työpaikkansa pihamaalle ja tarjoaa makkarat, syntyy paljon muutakin kuin vain erilainen ja kiva koulupäivä. Lapset oppivat tuntemaan yhden asuinalueellaan toimivan aikuisen lisää, mikä voi synnyttää luottamusta, turvaa ja hyötyjä vapaa-ajalle sekä poistaa ennakkoluuloja molemmin puolin. Toimijan tullessa myönteisessä mielessä henkilökohtaisemmin oppilaille tutuksi, uskon, että esimerkiksi todennäköisyys ilkivaltaan vähenee merkittävästi. Resursseja koulupoliisitoimintaan ei näytä enää vanhaan malliin olevan. Yhteistyötä toki tehdään, mutta joskus aikanaan oli niinkin, että oppilaat todella tunsivat nimeltä koulun "oman poliisin". Yhteisöllisyys on tunnetta ja ymmärrystä yhteisestä edusta. Toisinaan isommilla yhteistyökuvioilla voisi olla jopa aivan merkittäviä myönteisiä vaikutuksia koulun lasten arkeen. Yhteisöllisyyden vähetessä asioiden hoitaminen puolestaan mutkistuu. Ikävissä asioissa ei haluta enää ottaa henkilökohtaisesti yhteyttä kehenkään vaan toimitaan ns. puskista: lastensuojeluilmoitusten, tutkintapyyntöjen, valitusten ja kanteluiden välityksellä. On asioita, joissa nekin ovat paikallaan, mutta kyllä se laittaa miettimään, jos jotain pientä lasten nahinaa selvitellään viikkotolkulla tekemällä ristiin rastiin tutkintapyyntöjä toisten lapsista ja välillä ihan puhtaalla kostomentaliteetilla. Pitäisi vain yksinkertaisesti ottaa suorasti yhteyttä toiseen huoltajaan ja sopia asiat fiksusti aikuisten kesken. Yhteisöllisyys on myös ymmärrystä ja halua ymmärtää toisia samassa elämäntilanteessa olevia ihmisiä.

Opetuksen suunnitteluun ja vaativan oppimisen tuen rakenteisiin voimme aivan suorasti vaikuttaa. Kiusaamisen ehkäisy ja yhteisöllisyyden vaaliminen ovat yhtä lailla tärkeitä asioita. Yhteisöllisyys on konkreettisia tekoja, joita voidaan lisätä, mutta myös yhteiskunnalliseen kehitykseen vahvasti linkittyvä ilmiö, josta löytyvät edelleen juurisyyt yhteisöllisyyden kuihtumiselle. Kaikki ovat asioita, joita voimme parantaa, ja pitää myös pyrkiä parantamaan, koulujemme hyväksi.

Kun ei ole ratkaisuja, paikalle ilmaantuu byrokratia

Oppilailla on Suomessa korkeat sivistykselliset ja kasvatukselliset perusoikeudet, ja kun niihin ei ole riittävästi rahaa, tarvitsemme hautausurakoitsijaksi byrokratian. Oikeudet kuoppaan, ja päälle neljä metriä joutavia päätöksiä sekä paperia. Tilanne on väistämätön, turhauttava ja lapsille sekä nuorille liian usein hyödytön. Jälleen yksi asia, joka ei ole kenenkään syy, vaan looginen jatkumo omasta toiminnastamme.

Jos jo neljäsosa oppilaista tarvitsee merkittävää henkilökohtaista lisätukea koulunkäyntiinsä ja tämä jokaiselle heille myös täysimääräisenä taattaisiin, tarkoittaisi se veronkorotusta, jota ei ole ennen nähty eikä tulla koskaan näkemäänkään. Asia herättää kritiikkiä, minkä vuoksi on tuotava näkyväksi oppilaan oikeuksien toteutuminen, annettu tuki, tuen jakautuminen ja tahtotila. Näkyväksi on tehtävä myös oppilaiden poissaolojen seuraaminen, päivittäinen toiminta, kurinpito, arjen tuki, tapaamiset, yhteydenpidot ja tiedonluovutukset. Lista on pitkä ja pitenee tällä hetkellä huolestuttavaa tahtia. Kun opetuksen rahoituskriisi realisoituu terveydenhuollon tapaan, ennustan, että on tehtävä vielä paljon lisää paperia, jotta voimme osoittaa resurssien teoreettisen lainmukaisuuden.

Miettikää tilannetta, jossa todettaisiin vain: Tervetuloa kouluun! Teemme opetushenkilökunnan ja opiskeluhuollon henkilöstön kanssa joka päivä absoluuttisen parhaamme lapsesi hyvinvoinnin eteen. Jos lapsen etu vaatii, voimme keskustella lapsen asioista koululla. Ei tehtäisi yhtään paperia, mutta tiedotettaisiin aina huoltajia siitä, missä mennään. Tämä on toki nykyään utopiaa, mutta aika, joka pelkästään tuosta säästyisi lasten oikeaan kohtaamiseen ja tukemiseen, olisi huomattava.

Todellisuuden illuusio

Jumalkuningas Massi

Voimme siis tarkastella tapaamme elää ja havaita, millaisia ristiriitoja se tuottaa omalle ja lastemme hyvinvoinnille, elämälle ja koko yhteiskunnan sekä maailman tulevaisuudelle. Voimme tunnistaa, että peruskoulun toimintaedellytykset, kuten oikeastaan kaikki inhimillinen toiminta, ovat vahvasti sidoksissa tapaamme elää. Mutta kenen käsissä asia lopulta on, vai onko kenenkään?

Ihmisille tuntuu olevan luontaista luoda jokin laaja illuusio, hyväksyä se todellisuudeksi ja seurata sitä aina loppuun saakka. Illuusio muuttuu yleensä vaaralliseksi jo kauan ennen särkymistään, mutta totuudesta ei voi luopua, koska sehän tekisi sinusta oikeastaan hullun omassa ajassasi. Egyptiläisillä oli faaraonsa ja inkoilla jumalkuninkaansa. Aluksi järjestäytyneitä ja toimivia yhteiskuntia, joissa on myös takuulla moni kansalainen raapinut leukaansa pohtien, että eihän tässä yhteiskunnan touhussa ole enää mitään järkeä. Tämän päivän globaali jumalkuningas on massi eli *raha*, jolla ei ole edes omaa armeijaa. Mutta jos hitusenkin hellitämme sen palvelemista, tapahtuu hurjia. On aikamoinen ajatusleikki, että pörssiromahdus on riskinä kuin giganttinen toimiva tulivuori, joka voi hetkellä millä hyvänsä realisoitua. Tsunamista voidaan varoittaa etukäteen ja paeta rannalta, mutta kun globaali talousromahdus alkaa, on oltava syvällä erämaassa, että itseen ei osu. Huikea illuusio ja bittejä tietokoneella. Niillä elämämme punotaan yhdeksi köydeksi. Riittävän laaja sijoittajien epäluottamus joidenkin bittien muotoon näyttöpäätteellä toisella puolella maapalloa, ja silmänräpäyksessä olemme itse keksimämme abstraktion vuoksi vaikeuksissa myös tällä puolella maapalloa.

Muitakin uhkia ihmisille tietysti on: sodat, pandemiat ja ekokatastrofit. Vaikka välillä ihminen tuntuu niin käsittämättömän typerältä lajilta, että ihmiskunnan tuhoutuminen sen itse luomin asein kuulostaa suorastaan käsikirjoitetulta lopulta, pohjalla olevan ihmisyyden vuoksi en usko siihen. Kulkutaudit, luonnonkatastrofit ja sodat ovat aina harventaneet ja tulevat varmasti jatkossakin harventamaan ihmisten rivejä, mutta mikään ei oikein tunnu hetkauttavan nykyistä todellisuuttamme. Kaikkea mitataan aina lopulta vain rahassa ja pohditaan ongelmien suoria sekä välillisiä vahinkoja talouteen, eli vaihdantavälineeseen, oravannahkaan, bittiin ja illuusioon. Raha ei ole mitään, mutta silti se tuntuu olevan ihan kaikki. Jos raha lakkaa toimimasta, kukaan ei oikein tiedä, mitä tapahtuisi, koska niin ei voi käydä meidän todellisuudessamme. Korona oli tuntuva muistutus ihmisen tosiasiallisesta alisteisuudesta luonnolle, mutta se ei vielä muuttanut tapaamme elää. Vai muuttiko sittenkin ihan vähän? Pienikin pysähtyminen synnyttää ajatuksen ja ajatus hitaan muutoksen. Virus ei kuulunut illuusioomme, sillä se ei totellut edes varallisuutta.

Pieni revittely on paikallaan, jotta voimme palata taas rauhallisesti tähän hetkeen. Ajatuksilla on tärkeää välillä hieman leikitellä, että ymmärtää tosiasioiden ja illuusioiden eron. Emme pysty pysäyttämään vanhenemista tai parantamaan monia sairauksiamme. Talousjärjestelmä puolestaan taas on täysin oma keksintömme. Eikä se ole kokonaan kelvoton, kuten eivät monet aikamme yhteiskunnatkaan, päinvastoin. Historiallisesti monet edellisistä ovat todennäköisesti jopa kautta aikain vähiten epäonnistuneita versioita. On kuitenkin huomattava, että kaikki ihmisen keksimä myös muuttuu aina ajan saatossa. Harvat maailmanvallat ovat tuhoutuneet silmänräpäyksessä, vaikka tiivistettyä historian kirjaa lukien sellainen käsitys helposti syntyykin. Varmaa on, että meidänkin aikamme muuttuu ja monille nykyisille totuuksillemme joskus vielä huokaillaan ja naureskellaan.

Uskon ihmisten kykyyn toimia, kun tilanne on oikeasti paha, oli sitten kyse ekokatastrofeista, kulkutaudeista tai sodista. On ihmiselle luontaista, että ensin on mentävä aika huonosti, ennen kuin voidaan lopulta kääntyä parempaan. En missään nimessä toivo massiivista talousromahdusta tai muutakaan katastrofia, joka laittaisi ihmiskunnan kerralla polvilleen. Todennäköisimpänä näen vaihtoehdon, jossa käännymme loivasti äärimmäisestä rahan perässä

189

laukkaamisesta kohti perhemäisten yhteisöjen tarjoamaa psyykkistä ja taloudellista turvaa. Kerskakuluttavista individualisteista takaisin ekologisiin yhteisöihin digitaalisessa ajassa. Ei siksi, että joku voitti jonkun väittelyn tai oli jostain "oikeassa", vaan siksi, että eihän ihmiselämän pituus ole kuin pelkkä rangaistuksen yksikkö, jos se on ensisijaisesti vuosikymmenien itse tuotettu kärsimys. Kaikki avaimet oikeaan onneen olisivat omien päätöstemme ja käsiemme ulottuvilla.

Toisin sanoen maailmaa ei voi kukaan muuttaa, mutta se muuttuu silti. Joku nimi jää historiaan hyvässä ja joku pahassa, mutta todellinen muutos on aina prosessi. Valtava kollektiivinen ketjureaktio, jossa lopulta riittävä konsensus ajaa asiat päätökseen. Tulevaisuuden ennustaminen on oikeastaan vain tarkkanäköisyyttä tälle värähtelylle, konsensuksen synnyttämille mielialoille, vuorovaikutukselle ja liikehdinnälle. Ajatus tuo rauhaa, kun näkee ruudullaan jonkun räyhävaikuttajan pyrkivän viemään maailmaa haluamaansa suuntaan, mutta tuntee samalla sohvallaan, kuinka maailma pyörii alla vakaasti ja pysäyttämättömästi aivan eri suuntaan. Provosoituminen ja hermoilu on turhaa. Räksytys kyllä hautautuu muutoksen huminaan.

Vaikeat ratkaisut ovat muutoshaluttomuutta

Oikeat ratkaisut ovat kuin valtavia, selkeärajaisia palloja, joita emme näe, koska informaatioähkyssä seisomme niin lähellä, että emme pysty ottamaan niihin tarvittavaa etäisyyttä. Tämän vuoksi yleisimmät vastaukset peruskoulunkin ongelmien ratkaisuun ovat vain kapeita soiroja eli osatotuuksia jostakin suuremmasta kokonaisuudesta: kuri takaisin, tiukemmat lait, huonot vanhemmat, taitamaton opettaja, laiska lapsi, pienemmät luokat...

Tämä on ratkaisujen ja ongelmien keskeinen ero. Yksittäiset soirot näyttäytyvät meille ongelmina, ja käytämme niiden ratkaisuun loputtomasti aikaa ja energiaa. Kinastelemme, luomme monimutkaisia sääntöjä, lainsäädäntöä ja käytäntöjä sekä edellisten perässä mitään tuottamatonta lisäbyrokratiaa. Saatamme tällä tavoin välillä hallita jotain kapeaa soiroa, mutta uusia soiroja syntyy samaa tahtia. Ne eivät lopu koskaan ennen kuin näemme, mikä ne alun perin on synnyttänyt. Esimerkiksi mielipidekirjoituksissa on puhuttava lähinnä ongelmista ratkaisujen sijaan. Ratkaisut ovat ongelmiin verrattuna selkeitä, mutta niin isoja, että niitä ei kukaan pysty kuvailemaan näkyviksi parilla sadalla merkillä.

Olisi kova veto kirjoittaa: *Meidän on pysähdyttävä ja muutettava lapsuudelle vahingollista tapaamme elää. Se pohjaa digitalisaation ja markkinatalouden liiton luomaan moderniin orjuuteen vaarantaen varhaislapsuuden kehityksen ja peruskoulujemme kriittiset toimintaedellytykset, joilla luodaan yhteiskunnan menestyksen kivijalka ja yksilötason tulevaisuususko keskellä suurta aikakausien murrosta.*

Haluamme ratkaista pieniä osaongelmia, koska pelkäämme oikeita ratkaisuja, jotka tarkoittavat samalla myös oikeaa muutosta. Osa-ongelmien ratkaisuista tulee haastavia ja kiistanalaisia juuri siksi, että ne ovat nimenomaisesti suurten ilmiöiden osasia. Niihin johtaa useita eri näkökulmia, joista mikään ei ole väärässä, mutta ei myöskään yksin oikeassa. Esimerkiksi käyvät peruskoululaisten poissaolot. On tiukennettu lainsäädäntöä. Koulujen on seurattava tarkemmin poissaolojen kertymistä ja puututtava matemaattisella järjestelmällisyydellä tilanteeseen järjestämällä palavereja ja laatimalla ilmoituksia. Lisätään siis kontrollia. Järjestetään henkilökohtaista tukea koulunkäyntiin, räätälöidään sisältöjä, tavoitteita, koulupäivien pituutta, käytäntöjä ja suoritustapoja. Lasketaan siis systemaattisesti vaatimustasoa, jolle ei sinällään tunnu nykytilanteessa olevan riittävästi vaihtoehtojakaan.

Arkikokemukseni mukaan nuoret usein perustelevat poissaolojensa syitä ahdistuksella. Ahdistuksesta on tullut eräänlainen yläkäsite suurelle joukolle asioita ja tuntemuksia. Syiden vakavuus ja esiintyvyys vaihtelevat suuresti. Se on ongelmallista, ja hoitavat tahot ruuhkautuvat pahoin. Kaikki edellä mainitut asiat ovat toki tarpeellisia ja välttämättömiä toimenpiteitä, mutta suuremman ilmiön näkökulmasta myös ainoastaan vastauksia siihen, että *miten* oppilaiden poissaoloihin tai pahoinvointiin puututaan. Oikea kysymys ratkaisujen näkökulmasta olisi kuitenkin: *miksi* suuret joukot oppilaita jäävät kotiin ja kokevat eriasteista ahdistusta? Syistä on alettava kiinnostua seurauksia enemmän silloin, kun ongelmat alkavat lisääntyä yhtä aikaa korjaavien toimenpiteiden lisäämisen kanssa. Nähdäkseni se hetki on koittanut juuri nyt.

Historia opettaa, että peruutusvaihdetta ei ole

Edelleen yksi elämän ja kuoleman kysymys sekä lasten ja nuorten hartain toive koko maapallon perspektiivissä on päästä kouluun. Miettikää sitä "hypeä" ja intoa, kun Suomeen alettiin aikanaan kansakouluasetuksen perässä pystyttää 1800-luvulla ensimmäisiä kouluja. Rakennettiin kouluja varten omia rakennuksia, joku laittoi metsästään hirret ja talkoisiin tulivat tietysti kaikki. *"Saataisiinpa vielä jostakin korkeaarvoisa opettaja kylälle! Oppivat lapset siellä lukemaan ja kirjoittamaan kynällä! Voi tulla lapsille sellainen elämä, josta emme ole voineet edes unelmoida!"* Kului aikaa, mutta niin tulikin.

Tämä on se tunne, joka pitäisi kaivaa esille tässä ajassa uudelleen. Elämiemme suurimmat nykyongelmat voidaan ratkaista, ja ne ratkeavat, ennen kuin tilalla ovat jo uudet haasteet, joita emme osaa vielä nähdä. Elämä on tässä ajassa psyykkisesti kovaa, mutta tässä mielessä paremmat ajat ovat edessäpäin. Ratkaisemme ongelman kerrallaan. Niin se on aina mennyt ja menee nytkin. Kun haikailemme mielissämme romantisoituneeseen lähimenneisyyteen, unohdamme, että juuri tuo aika on käynnistänyt sen kehityskulun, josta suurimmat nykyelämämme ongelmat nyt kumpuavat. Historiasta on opittavaa, mutta palata ei voi. Uudet haasteet saavat meidät myös helposti unohtamaan, mitä kaikkea olemme jo saavuttaneet. Kun annamme nyt viestikapulan lapsille ja nuorille, viestin on oltava: *Rohkeasti kohti tuntematonta!* Se on ihmisen osa.

Jokaisessa ajassa, kuten nykyajassakin, on myös aina omat pelkääjänsä, mutta eivät ne kehitystä pysäytä. Hidastavat vain. 1800-luvullakin skeptisimmät epäilivät kouluja. Lukutaidon ajateltiin muun muassa tekevän lapsista laiskoja. Koulun siirtyminen pois kirkon alta herätti puolestaan pelkoja koulujen suoranaisesta syntisyydestä. Nytkin meidän on kaikkein vaikeinta päästää irti sellaisista asioista ja taidoista, jotka ovat olleet ihmisille tärkeitä edeltävinä vuosikymmeninä. Minä en ole koskaan lypsänyt lehmää, eivätkä omat lapseni ole kirjoittaneet kaunokirjoitusta, mutta silti maailma pyörii.

Mitä haluaisin vielä sinulle sanoa ja miksi?

Oikeat vastaukset ovat sinulla

En ole tietäjä enkä tieteilijä. Olen isä, luokanopettaja ja rehtori. En tarjoa sinulle tieteellisen tiedon validiteettia tai oikeita vastauksia. Pohjaan näkemykseni kokemukseen, itsenäiseen ajatteluun ja ammatilliseen kiinnostukseen. Tämä on seurausta syntymisestä analogiselle ajalle, kasvusta aikuiseksi käsi kädessä digitalisaation rinnalla sekä riittävän monipuolisesta kokemuksesta vanhempana, opiskelijana ja ammattikasvattajana erilaisissa rooleissa. En ole kirkasotsainen onnistuja vaan enemmänkin monitasoinen suoriutuja ja sarjatyrijä, joka kuitenkin pyrkii aina oppimaan jotain virheistään. Filosofiani on, että en tekisi samaa virhettä kahdesti, mutta en tietenkään ole siinä onnistunut, koska olen ihminen. Omien lasteni kasvattaminen yksin olisi ollut vaativaa, ja omalle puolisolle on annettava siitä täysi tunnustus. Kympin äiti, jollainen en olisi mitenkään osannut itse olla. Äiti, joka asetti lapset ja kodin edelle siinä kohtaa, kun työuran tekeminen olisi ollut kuumimmillaan. Pakko ottaa lakki pois päästä.

Kasvatusalalla työskentely ei tuo taloudellista leveyttä, mutta on mahdollistanut läsnäolon omien lasten elämässä sekä opettanut tekemään itse sen, mitä ei ole varaa ostaa. Olen positiivinen realisti. Inhorealismi ja pessimismi eivät tuota mitään, mutta vierastan myös sellaista ajattelua, että ongelmista ei saisi puhua sellaisina kuin ne ovat. Inhorealismia ja fantasiapuhetta yhdistääkin se, että ne vievät kuulijaltaan ensin vastuun, sitten toimintakyvyn ja lopuksi toivon. Molemmissa on yhteistä myös lopputulos: mikään ei koskaan muutu.

Jokaisen elämäntarina on omansa, eivätkä mitkään havaintoni tee oikeutta tai määrittele kenenkään toisen elämää yksilötasolla. En syytä enkä syyllistä ketään, koska siitä ei ole yksinkertaisesti kenellekään yhtään mitään hyötyä. Samasta syystä en lähde trendikkäästi väittelemään näkemyksistäni kenenkään kanssa. Näkemykseni ovat totta minulle ja tuovat itselleni rauhan ainakin suurimpana osana päivistä. Rauha onkin sellainen asia, jota suosittelisin ihan joka ikisen aikuisen aktiivisesti elämässään etsimään. Osa löytää sen tekemällä, osa pysähtymällä, mutta usein salaisuus piilee edellisten tasapainossa.

Seuraavista asioista olen itse ollut vaikuttunut sekä vakuuttunut, ja siksi myös tämä kirja on kirjoittanut itse itsensä.

On tuskin mitään arvokkaampaa kuin kotona oleva vanhempi. Minulla itselläni oli kotiäiti. Luksusta, josta monet tämän päivän lapset voivat vain haaveilla. Kiitos, äiti! Se on maailman tärkein ammatti. Olen viettänyt aina myös omien lasteni kanssa paljon aikaa, josta osaan nyt olla ylpeä. Siihenkin on kuitenkin pitänyt kasvaa. Kehtaan myöntää joskus olleeni hyvin itsekäs ja tunteneeni suoranaista katkeruutta joutuessani luopumaan monista tässä ajassa tärkeiksi liputetuista asioista vanhemmuuden takia. Elämämme aikakausi ottaa työelämässä aikuiselta todella helposti enemmän kuin psyyke antaisi myöden. Kuinka monta työikäistä on kokenut viime vuosina vakavan uupumuksen tai elää sellaisen keskellä juuri nyt? Ikävä kyllä aika moni. Jo nämä kaksi asiaa tekevät yksinään varhaislapsuuden kehitykselle ja aikuisten elämän laadulle niin mittavaa vahinkoa, että on pakko kysyä: onko saavutettu nykytilanne todella kaiken tämän vaivan ja harmin arvoinen? Aina omat voimat eivät riitä, mutta emme voi koko yhteiskuntana elää itseämme sekä lapsiamme sairaiksi ja ajatella sitten, että joku ottaa kopin ja hoitaa meidät taas kuntoon. Pesäpallokaupunkiin syntyneenä sanoisin, että elämämme ulkokentältä loppuvat näin tuulisessa vuoroparissa lopulta kopparit kesken.

Lapset eivät ole kaikille, ja tarkoitan tällä omaan tahtoon perustuvaa lapsettomuutta. Tämä aika ruokkii lisäksi lapsettomuutta trendinä ja arvona sekä edellisten seurauksena myös omaan tahtoon perustumattomana pakkona. Konkreettisin eksistentiaalinen kriisi on kuitenkin se, jos aikuiset päättävät suurin joukoin jättää lapset hankkimatta, koska elintapamme eivät suo mahdollisuuksia terveelle lapsuudelle? Maailman mittakaavassa ihmiskunnan ikärakenne on nuori, mutta kaikissa maailman johtavissa talouksissa lapsia ei enää hankita. On aika ylevää ajatella, että kysymys olisi pelkästään vauraiden maiden paremmasta syntyvyyden kontrolloinnista. Sanoisin, että kyse on enemmänkin ihmisyydelle vieraantuneista arvoista. Ajatus on biologian vastainen ja oikeastaan aika typerä. Psyykkisesti hyvinvoiva aikuinen ei ole hukannut sisäistä lastaan, ja jos touhu hyvinvointimme äärellä on todella vahingollinen lapsille, se on tasan yhtä vahingollinen myös aikuisille. Sen lisäksi että syntymättömyys tietysti poistaa lopulta pienet kansakunnat, jotka ovat katsoneet muut asiat lapsien hankkimista tärkeämmiksi, se poistaa myös hirvittävän määrän aikuisten psyykettä suojelevia rakenteita. Tuskin millään muulla kuin lapsettomuudella pystymme yhdellä kertaa väistämään yhtä suurta määrää rakkautta, jota pidetään ihmisten keskuudessa kuitenkin onnellisuuden korkeimpana tunnetilana.

Vanhemmuus on kova koulu, mutta ihminen jalostuukin todella huonosti helppouden kautta. Voisiko vanhemmuudella olla tästä näkökulmasta jopa ihan biologinen tarkoitus? Meillä jokaisella on omat persoonallisuutemme niin hyvässä kuin pahassa. Ymmärrän sen nyt, että ilman lapsia oma kohtaloni olisi voinut olla kasvaminen perusluonteenpiirteideni varassa äärimmäiseen itsekkyyteen ja kyynisyyteen sekä aikuiseksi, joka on hukannut yhteyden omaan sisäiseen lapseensa. Ajattelen, että ihminen, joka ei enää kuule sisäisen lapsensa ääntä eli ymmärrä henkilökohtaisella tasolla lasta ja lapsuutta, ei voi menestyksekkäästi toimia esimerkiksi ammattikasvattajana. Tiedän, että moni pystyy kehittymään ihmisenä ja säilyttämään yhteyden ilman omia lapsiakin, mutta ymmärrän, että esimerkiksi itseni kaltaiselle persoonalle lapset ovat olleet kirjaimellinen pelastus. Kun lisätään palettiin vielä krooninen taipumus pohtia elämän mielekkyyttä ja merkitystä, omat lapset ovat mitä parhain vastaus.

Tulevaisuus ei ole koskaan tarkoittanut paluuta menneisyyteen, vaikka ihmismieli hakeekin aina turvaa itselle tutuista toimintaympäristöistä. Maailmassa tapahtuu myös paljon myönteisiä asioita ja erinomaista kehitystä, mutta ne hautautuvat usein huonojen uutisten alle. Teknologialla on valtava potentiaali auttaa ihmiskunta kaikkien aikojen kukoistukseen jo tällä vuosisadalla. Laitteet eivät elämäämme pilaa, vaan arvot, jotka saavat meidät käyttämään ja tavoittelemaan keksinnöillämme aivan vääriä asioita.

Ihmisinä olemme tässä ajassa vähän hukassa. Olemme niin mahdottoman individualisteja, että meille ei sovi kuunnella oman napamme ulkopuolista arvopuhetta. Samalla meillä on niin kova kiire johonkin joogaan, että emme kyllä ehdi niitä oikein itsekään pohtia. Pitäisi kai rauhoittua vähän. Arvoja ei voi kopioida toiselta, opetella kirjasta tai tilata verkkokaupasta. Jokaisella kuitenkin on arvot, niin sinulla kuin minullakin. Ne ovat asioita, joista olisit kaikkein viimeisimpänä valmis elämässäsi luopumaan. Ei ole kovin yllättävää, että ne ovat pääosin myös kaikilla ihmisillä ihan samoja asioita. Ne ovat ihmisyytemme ydintä, inhimillisyyttä. Lisäksi ei tarvitse kuin sisäistää ajatus, että jokaisella ihmisellä on yhtäläinen tarve ja oikeus tavoitella näitä samoja arvoja. Näin on nopea arvoresetti suoritettu eikä tarvitsekaan lähteä vuosiksi Himalajan vuoristoon totuutta etsimään. Vaikka ihan tarkoituksellisesti superyksinkertaistan tässä elämän kokoisia asioita, on voimaannuttava ajatus, että joskus jo muutaman sekunnin pysähtyminen voi lävistää päämme tavalla, joka kääntää koko loppuelämämme suunnan. Tietoisuus omista arvoista on ensimmäinen askel, josta on vielä matkaa mielenrauhaan. Matkan pituus riippuu siitä, kuinka pahasti olemme onnistuneet asiat omissa elämissämme sotkemaan.

Kulutamme arjessamme valtavasti aikaa ja voimia ihan muihin asioihin kuin niihin, jotka olisivat meille oikeasti arvokkaita eli arvoja. Näitä muita asioita kutsumme usein "tärkeiksi". Tärkeät asiat eivät yleensä ole elämällemme välttämättömiä. Rahaa, mainetta, kunniaa, ihailua, statusta, valtaa, omaisuutta ja näkyvyyttä. Tärkeillä asioilla paikkaamme ja pahimmillaan myös korvaamme meille oikeasti arvokkaita asioita. Omien perusarvojemme hylkääminen on kuitenkin oikotie onnettomuuteen ja katkeruuteen. Jos todella haluat olla onnellinen, löytyy se ainoastaan sinulle korvaamattomien asioiden tavoittelun ja vaalimisen kautta.

Uskon, että uusimmat sukupolvet ymmärtävät nykyisiä työikäisiä paremmin elämän laadun ja rahan vallan välisen tasapainon. Se muuttaa teknologisen kehityksen kanssa tuntemaamme maailmaa vielä sanoinkuvaamattoman paljon. Työikäisilläkin on kuitenkin tässä ajassa paljon voitettavaa. Ketään ei voi käskeä, mutta toivon jokaisen todella miettivän sitä lyhyttä aikaa, kun omat lapset vielä asuvat kotona. Mitä sinulle on varallisuuden ja onnen tasapaino? Miten tehdä työuraa ja olla lapsille aidosti läsnä niinä vuosina, kun se on kaikkein kriittisintä?

Vaikka usein kuulee sanottavan, että ei minulla ole vaihtoehtoja, tarkoittaa se käytännössä, että en uskalla katsoa, mitä vaihtoehtoni olisivat. Vaikka et välttämättä voi muuttaa koko maailmaa mieleiseksesi, on hyvä muistaa, että omaan elämääsi sinulla on aina päätösvalta.

Lähteet

Kangas, L. 2023. Nuorten ahdistuneisuus ja kiusaaminen lisääntyivät entisestään – Kouluterveyskysely yllätti tutkijat. Yle uutiset 2.6.2023. https://yle.fi/a/74-20034814

Kela. 2024. Mielenterveysongelmat veivät jo yli 100000 suomalaista pitkälle sairauspoissaololle vuonna 2023. kela.fi 19.1.2024. https://www.kela.fi/ajankohtaista/mielenterveyso ngelmat-veivat-jo-yli-100-000-suomalaista-pitkalle-sairauspoissaololle-vuonna-2023

Kela. 2024. Sairauspoissaolot maksavat menetettynä työpanoksena yli miljardi euroa vuodessa. kela.fi 28.8.2024. https://www.kela.fi/ajankohtaista/sairauspoissaolo t-mielenterveyssyista-maksavat-menetettyna-tyopanoksena-yli-miljardi-euroa-vuodessa

THL. 2022. Lähes joka viidennellä 18–22-vuotiaalla oli mielenterveyteen liittyvä käynti julkisessa terveydenhuollossa vuonna 2020. thl.fi 3.6.2022. https://thl.fi/-/lahes-joka-viidennella-18-22-vuotiaalla-oli-mielenterveyteen-liittyva-kaynti-julkisessa-terveydenhuollossa-vuonna-2020

Heikkilä, M. 2023. Masennus 7 syytä+ 7 hoitoa. Helsingin Sanomat 24.7.2023. https://www.hs.fi/tiede/art-2000009498557.html

Mannerheimin lastensuojeluliitto. 2024. Joka viides nuori kokee, etteivät vanhemmat välitä heidän netin käytöstään – "Kotona on tärkeää välittää eikä aina vaan kieltää kaikkea" mll.fi 6.2.2024. https://www.mll.fi/tiedotteet/joka-viides-nuori-kokee-etteivat-vanhemmat-valita-heidan-netin-kaytostaan-kotona-on-tarkeaa-valittaa-eika-aina-vaan-kieltaa-kaikkea/?post_date=20240206073207